AF475603

MAURICE BARRÈS
DE L'ACADÉMIE FRANÇAISE

LE CŒUR DES FEMMES DE FRANCE

PARIS
LIBRAIRIE PLON
LES PETITS-FILS DE PLON ET NOURRIT
IMPRIMEURS-ÉDITEURS — 8, RUE GARANCIÈRE, 6e

Il a été tiré de cet ouvrage :

100 exemplaires sur papier pur fil des papeteries Lafuma, à Voiron, numérotés de 1 à 100.

LE CŒUR DES FEMMES DE FRANCE

EXTRAITS DE LA CHRONIQUE DE LA GRANDE GUERRE (1914-1920)

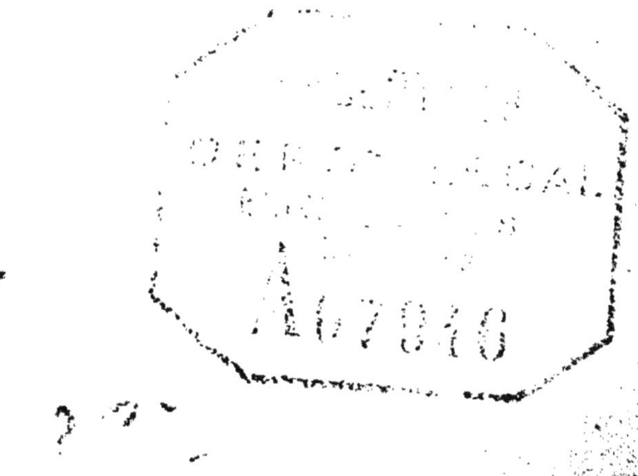

DU MÊME AUTEUR, A LA MÊME LIBRAIRIE :

*Souvenirs d'un officier de la Grande Armée, publiés par Maurice Barrès, son petit-fils........ 1 vol

LE CULTE DU MOI

*Sous l'œil des Barbares..... 1 vol.
*Un Homme libre........ —
*Le Jardin de Bérénice....... —

LES BASTIONS DE L'EST

*Au service de l'Allemagne... 1 vol.
*Colette Baudoche........ —
*Le Génie du Rhin........ —

LE ROMAN DE L'ÉNERGIE NATIONALE

*L'Appel au soldat........ 2 vol.
Leurs Figures.
*Les Déracinés........ 2 vol.

CHRONIQUE DE LA GRANDE GUERRE

*I. (1er février-4 octobre 1914).
*II. (14 octobre-31 décembre 1914).
*III. (1er janvier-11 mars 1915).
*IV. (12 mars-31 mai 1915).
*V. (1er juin-24 août 1915).
*VI. (25 août-11 décembre 1915).
*VII. (12 décembre 1915-9 avril 1916).
*VIII. (11 avril-24 août 1916).
*IX. (3 septembre 1916-28 juin 1917).
*X. (1er juillet-1er décembre 1917).
*XI. (2 décembre 1917-23 avril 1918).
*XII. (24 avril-7 août 1918).
*XIII. (8 août 1918-29 mai 1919).
*XIV et dernier. (1er juin 1919-4 juillet 1920).

*Huit jours chez M. Renan... 1 vol.
*L'Ennemi des lois........ —
*Du Sang, de la Volupté et de la Mort........ —
*Amori et Dolori sacrum.... —
*Les Amitiés françaises...... —
*Scènes et doctrines du nationalisme........ 2 vol.
*Greco ou le Secret de Tolède. 1 vol.
*Le Voyage de Sparte........ —
*La Colline inspirée........ —
*La Grande Pitié des Églises de France........ 1 vol.
Les Familles spirituelles de la France.
*Un Jardin sur l'Oronte...... —
*Une Enquête aux pays du Levant........ 2 vol.
*Faut il autoriser les Congrégations?........ 1 vol.
*Pour la haute intelligence française........ —
*Le Mystère en pleine lumière. —
*Les Maîtres........ 1 vol.

POUR PARAITRE :

Les Cahiers.

Les volumes précédés d'un astérisque sont en vente (avril 1928).

Ce volume a été déposé à la Bibliothèque Nationale en 1928.

MAURICE BARRÈS

DE L'ACADÉMIE FRANÇAISE

LE COEUR DES FEMMES DE FRANCE

EXTRAITS DE LA

CHRONIQUE DE LA GRANDE GUERRE

(1914-1920)

PARIS

LIBRAIRIE PLON

LES PETITS-FILS DE PLON ET NOURRIT

IMPRIMEURS-ÉDITEURS — 8, RUE GARANCIÈRE, 6e

Au cours de causeries données sur la « Chronique de la Grande Guerre » et le rôle de la femme pendant les années tragiques, les jeunes auditrices furent tellement frappées par ces pages barrésiennes qu'elles demandèrent l'autorisation de réunir et de grouper le volume présenté aujourd'hui sous ce titre :

« LE COEUR DES FEMMES DE FRANCE »

Que toutes celles qui doutent de la mission sacrée de la femme le lisent et y puisent le réconfort et l'exemple.

LE COEUR DES FEMMES DE FRANCE

CHAPITRE PREMIER

LE CŒUR DES FEMMES DE FRANCE

On croit qu'il est perdu, le génie des hommes qui sculptèrent au moyen âge les Vierges de compassion, en mémoire des douleurs de la Mère de Dieu auprès de la Croix. Mais prenez en main cette lettre trouvée dans un fourgon de train de blessés. Prenez, lisez, et vous saurez que si l'envahisseur barbare détruit les chefs-d'œuvre de Reims et de nos églises rurales, ce qui les inspira ne s'est pas épuisé. Sous le sein des femmes de France subsistent un pur trésor de pitié et cette âme même que nos aïeux avaient appelée et placée dans la pierre des cathédrales. La guerre nous restitue neufs et simples. Nous étions devenus des aveugles, mais la plus vieille beauté française s'élance de l'ombre et nous apparaît, et les grandes heures de la bataille, cloches d'alarme, cloches de victoire, nous ont ranimés, nous ont ramenés à la nature vivante, à la vérité du fond de notre race.

Écoutez ce que les mères françaises écrivent à leurs fils. Non pas une, mais toutes, chacune à sa manière. C'est une lettre glissée des mains d'un soldat blessé que nous n'avons pu retrouver. Le caractère général d'une telle effusion, la certitude qu'elle sera accueillie par le respect unanime m'excusent de mettre sous les yeux du public ce pauvre papier sans orthographe, ni syntaxe, ni ponctuation, papier royal pourtant, où palpite un cœur formé par des siècles de discipline noble et savante, et tout-puissant sur tous les cœurs qui se souviennent :

Mon cher enfant. En réponse à ta lettre qui nous a fait grand plaisir. Nous l'atendions avec anxiété. Voilà dix jours que tu la faite. Depuis ce temps, les événements on du bien changer et recevras-tu la mienne. Oui, je l'espère. Je dois te rassuré d'abord sur le sort de ton père il est rentrer il na été parti que trois jours, le temps de conduire un détachement à Bourges, mais il pourrait se faire qu'il recommencerai. En tout ca il ne reste au foyer qu'une place vide, mais elle est grande!

Mon cher enfant tu me parle de sacrifice; oui, cent est un, et je puis te le dire cest bien le plus grand que Dieu puisse me demander. Cependant je courbe la tête sous sa main puissante. Je me dis parfois que je lai mérité : mais toi tu ne dois pas payer (non je me refuse à croir).

Enfant chéri, tu me parle du devoir et de l'honneur. Je n'ai jamais douté que tu t'y rangerais. Oui, mon fils, lhonneur du soldat est detre sur le champs de bataille lorsque la patri est en danger, et le devoir du Chrétien est de se préparer à paraître devant Dieu, l'âme innocente et pure. Tu voix ou je veux en venir. Va, mon enfant, va avec la bénédiction de ta mère et de ton père et celle bien plus puissante de ta mère des cieux. Je te laisse sous sa sainte protection, invoque la dans le danger; elle sera toujours là pour te protéger et tabriter car dans des moments si tragique le secours ne peut venir que du ciel.

Tu me dis aussi daccepter avec courage, hélas parfois il me fait défaut, cependant je tacherai de me résigner et jespere te revoir malgré tout. Je termine.

Reçois, cher et bien aimé enfant, toutes les tendresses et tous les baisers les plus doux de ta mère qui voudrait pouvoir voler ver toi.

(Signature).

Si tu à besoin d'argent et qu'il peut te parvenir fais nous le savoir.

Je me tais un instant pour vous laisser relire...

Quelles paroles jaillies de tout l'être! Quelle dignité dans l'expression! Reconnaissez le son des grandes âmes. Qui de nous sait un chant plus juste et d'une discrétion plus noble dans la tendresse et la douleur extrêmes? C'est ainsi que nous parle au portail des églises la dame des cieux, la dame du ciel de France. C'est le langage enseigné, depuis des siècles, aux femmes de chez nous, langage parfait de modestie et de mesure dans la passion, langage des chefs-d'œuvre classiques.

Chez cette paysanne, le trouble, l'angoisse et la raison s'équilibrent et haussent l'amour maternel à son point de perfection. Que son fils soit blessé, elle ne s'évanouira pas. *Stabat mater dolorosa.* C'est la doctrine du haut moyen âge, qui précède, annonce l'héroïsme cornélien. La Vierge contemplait debout les blessures de son fils. Pourquoi? Parce qu'elle y voyait, non le signe de la mort, mais le signe du salut du monde. Ainsi les mères françaises de 1914, auprès de leurs fils soldats, songent au salut de la France. Il se mêle à la tendresse de cette lettre quelque chose de grave et d'universel.

J'ai le goût des papiers rares et précieux qui nous rapprochent des grands esprits. Que ne donnerais-je d'une première édition du *Cid*, ou d'un exemplaire d'*Esther* signé, dédié par Racine aux jeunes filles de Saint-Cyr. Mais cette lettre d'une femme illettrée, ce papier écolier taché passe les reliques les plus somptueuses de l'art, et l'ayant lu, relu, copié, je l'ai replié avec un respect religieux. Je venais de voir dans l'ombre la source d'où découle depuis des siècles le génie de notre race.

Le cœur des femmes de France n'est pas cet instinct, cette ingénuité des premières heures du monde, voisine encore de l'innocence animale ; c'est une pensée brûlante, épurée, issue de la plus savante civilisation, dont elle dépouille les parties matérielles pour être tout amour et raison. Il fut formé, de génération en génération, dans les chapelles profondes de nos églises auprès du sépulcre ; il se conforte et se revivifie, aujourd'hui, dans le fourgon du train des blessés, auprès du lit des ambulances, et, porté par deux ailes de patriotisme et de charité, il vole en gémissant au-dessus de nos soldats sur le champ de bataille. Mais, que dis-je? en gémissant? Non pas! Relisez cette lettre exemplaire d'une mère. Les cœurs des femmes françaises, comme un vol d'oiseaux divins, accourent à l'armée pour admirer et assister d'amour les sauveurs de la patrie.

CHAPITRE II

LETTRE D'UNE MÈRE

La mère d'un soldat de la Chipotte nous écrit : — Pourquoi ne pas citer cette lettre d'ordre sublime qui met la mère à l'honneur auprès de son fils mort pour la France en Lorraine? Je la reçois, cette lettre, au moment où je corrige ces pages d'imprimerie et quand je reviens de parler sur la tombe des soldats de la Chipotte pour la commémoration de leur victoire.

Paris, le 4 *septembre* 1916. — *Monsieur, Je tiens à vous remercier. Je possédais un cher fils qui était beau, intelli-*

gent, bon, que j'aimais tendrement, qui me le rendait... nous ne nous quittions pas. Le pays me l'a pris et je veux penser que ce sacrifice sans nom, sans mesure, contribuera à la victoire finale.

Dans son crâne costume d'officier d'alpins, il était au col de la Chipotte et parmi les poitrines qui barraient la route à l'envahisseur à Ménil-sur-Belvitte, la sienne était devant celle de ses chasseurs.

Il est bien ainsi tel que je l'avais conçu et rêvé, mais je souffre quand même cruellement.

Je ne veux pas qu'on parle de lui plus que de ses camarades; il n'a pas fait davantage, tous ont rempli totalement leur devoir de Français. Mais je désire que ceux qui peuvent comprendre ne l'ignorent pas.

Vous arrivez de ce coin de Lorraine, monsieur, ayant de votre voix autorisée rendu l'hommage qu'il convient à ces dé-

fenseurs de la Moselle et de la Mortagne.

Oui, la victoire de la Marne a été possible grâce à leur héroïsme. Il faut chaque année le redire bien haut, à la même date, demandez-vous?... Et c'est de ce rendez-vous que je désire vous remercier. — L. HENNIQUE.

CHAPITRE III

LA VIEILLE FEMME ET LES DEUX JEUNES GENS

Je n'aime pas raconter cette histoire, me dit le général, parce qu'à chaque fois, c'est bête, je pleure. Mais elle fait aimer la France... Il s'agit de deux enfants admirablement doués, pleins de cœur, pleins d'esprit, et qu'aimaient tous ceux qui les rencontraient. Je les avais connus tout petits. Leur père c'est le général de Pouydraguin, un de nos plus brillants généraux.

Quand la guerre éclata, le plus jeune, François, venait d'être admis à Saint-Cyr. Il n'eut pas le temps d'y entrer, et, avec toute la promotion de la Grande Revanche, il fut immédiatement nommé sous-lieutenant. Vous pensez s'il rayonnait de joie! Dix-neuf ans, l'épaulette et les batailles! Son aîné, Jacques, un garçon de vingt et un ans, tout à fait remarquable de science et d'éloquence, travaillait encore à la Faculté de droit, dont il était lauréat. Je suis convaincu qu'il avait un avenir d'homme d'État. Lui aussi, il partit comme sous-lieutenant.

Les deux frères se retrouvèrent dans la même brigade de la division de fer, le plus jeune au 26e de ligne et l'aîné au 37e. Ils cantonnaient dans un village dévasté, et chaque jour joyeusement se retrouvaient, plaisant à tous et gagnant par leur jeunesse et leur amitié une sorte de popularité auprès des soldats.

Bientôt, on apprit que le régiment du

Saint-Cyrien allait avoir à marcher, et que ce serait chaud. En cachette, Jacques s'en alla demander au colonel la permission de prendre la place de son petit François, qu'il trouvait trop peu préparé pour une action qui s'annonçait rude.

Le colonel reconnut la générosité du sentiment qui guidait le jeune homme, mais coupa court en disant :

— On ne peut pas faire passer ainsi un officier d'un corps à un autre corps.

Le jour fixé pour l'attaque arriva. La première compagnie, à laquelle appartenait François, fut envoyée en tirailleurs pour ouvrir le combat. Elle fut fauchée. Une autre suivit. Et puis une autre encore. Leurs débris durent se replier en laissant sur le terrain leurs morts et une partie de leurs blessés. Le petit sous-lieutenant n'était pas de ceux qui revinrent. Le surlendemain, nous reprîmes l'offensive.

L'aîné, en marchant avec son régiment vers les tranchées allemandes, passa auprès du corps de son petit François tout criblé de balles. Un peu plus loin, il reçut une blessure à l'épaule. Son capitaine lui ordonna d'aller se faire panser. Il refusa, continua et fut tué d'une balle dans la tête.

Les corps furent ramassés et ramenés dans les ruines du village. Les sapeurs du 26e dirent :

— On n'enterrera pas ce bon petit sous-lieutenant sans un cercueil. Nous allons lui en faire un.

Ils se mirent à scier et à clouer.

Ceux du 37e dirent alors :

— Il ne faut pas traiter différemment les deux frères. Nous allons, nous aussi, faire un cercueil pour notre lieutenant.

Au soir, on se préparait à les enterrer

côte à côte, quand une vieille femme éleva la voix

C'était une vieille si pauvre qu'elle avait obstinément refusé d'abandonner le village. « J'aime mieux mourir ici, » avait-elle dit. On l'avait laissée. Elle gîtait misérablement dans sa cabane sur la paille et n'avait pas d'autre nourriture que celle que lui donnaient les soldats. Quand elle vit ces deux jeunes cadavres et les préparatifs, elle dit :

— Attendez un instant avant de les enfermer. Je vais chercher quelque chose.

Elle alla fouiller la paille sur laquelle elle couchait et en tira le drap qu'elle gardait pour sa sépulture. Et revenant :

— On n'enfermera pas, dit-elle, ces beaux garçons le visage contre des planches. Je veux les ensevelir.

Elle coupa la toile en deux et les mit chacun dans leur suaire, puis elle leur posa un baiser sur le front en disant chaque fois :

— Pour ta mère, mon cher enfant.

Nous nous tûmes quand le général eut ainsi parlé, et il n'était pas seul à avoir des larmes dans les yeux. Une prière d'amour se formait dans nos cœurs pour la France.

CHAPITRE IV

LETTRE D'UNE LYONNAISE

Un jour, m'écrit une Lyonnaise (Lyon, la ville de France peut-être la plus mystique), *un de ces jours derniers où les inquiétudes étaient lourdes à porter, je montais reprendre courage dans un sanctuaire très aimé de Notre-Dame... Une femme en noir montait près de moi, et comme, en ces jours d'épreuves, toutes les mères sont sœurs, je lui parlai des siens. Elle me conta tristement qu'elle était veuve et pauvre, et que la guerre lui avait pris ses deux fils, ses seuls soutiens, l'un amputé du bras droit et l'autre les poignets coupés. Elle venait de les voir et elle montait implorer la Mère des douleurs pour ses enfants et pour elle.*

Profondément émue de cette douleur sans plaintes, je cherchais dans mon cœur ce qui pouvait la consoler. Voici ce que je trouvais, et je vous le livre, monsieur :

« Demandons à la Vierge Marie, lui dis-je, de susciter en France des jeunes filles si vaillantes, si dévouées, si fortes, qu'elles consentent généreusement et avec un sentiment de fierté à épouser les pauvres infirmes ou estropiés de la guerre et à être pour eux, non seulement un cœur, mais des membres qui les aident dans leurs foyers, leurs travaux, leur laissant la faculté d'aimer, d'estimer leur compagne et de la diriger... »

La pauvre femme me comprit et nous nous quittâmes pour prier.

J'entretiens ma plus jeune fille de ces pensées; et ne croyez-vous pas, monsieur, que vous feriez vibrer tous les cœurs des petites Françaises de vingt ans, si vous leur demandiez de se préparer à cet acte de dévouement qu'elles comprendront et voudront accomplir, j'en suis sûre, comme Colette Baudoche, à son heure, sut accepter le sacrifice qu'elle devait à sa patrie en restant pauvrement, mais fièrement, Française de cœur et de nom? Il me semble aussi que cet appel pénétrant dans les ambulances où souffrent nos soldats, moralement parfois, quand ils se demandent avec mélancolie ce qu'ils feront dans la vie, leur rendrait courage et confiance.

Ils verraient un sourire d'espérance dans la pensée que, malgré les infirmités qui les défigurent ou les privent de leurs membres, ils trouveront une compagne, un foyer où ils seront admis pour leur dévouement à la patrie, aimés, soutenus et aidés.

CHAPITRE V

LES VEUVES DE LA GUERRE

Quel tableau magnifique présentait, mercredi matin, la chapelle des Carmes, à l'Institut catholique, tandis que Monseigneur Baudrillart célébrait la messe devant l'archevêque de Paris, pour bénir les débuts de l'Œuvre des veuves de la guerre ! Sur les pilastres et les lambris de marbre noir, assortis avec les vêtements sacerdotaux de l'officiant, l'or et la flamme de l'autel faisaient une harmonie profonde, complétée à gauche par la pourpre du cardinal largement étalée, où descendait un rais de soleil, et à droite par un groupe aux teintes sévères de jeunes lévites chanteurs. La piété du célébrant, l'émotion paternelle de l'éminent prélat, l'enthousiasme du maître de chapelle qui menait le chœur en modelant avec ses deux mains, dans les airs, les formes pures de ces beaux hymnes, tantôt dilatées, tantôt resserrées; enfin, la douleur de ces trois ou quatre cents femmes agenouillées et formant comme une mer immobile de voiles noires et de bandeaux blancs, c'était un chef-d'œuvre de grandeur simple et grave, un des plus émouvants spectacles que puisse contempler un Français, le complément de nos champs de bataille.

Ces jeunes veuves de la guerre, accompagnées de petits enfants pâles et qui priaient en pleurant, à quoi songeaient-elles? J'ai cru comprendre la signification de cette harmonie de beauté, de tristesse et d'austérité. Elles ne se dispersaient pas en rêveries qui les eussent dispensées d'effort. Elles rassemblaient leur volonté et cherchaient le but digne de leur fier courage. Notre pieuse sympathie, guidée par les ondulations de cette atmosphère héroïque, put lire quelques syllabes du poème de douleur et de vaillance qui frémissait partout dans cette assemblée. Mais qu'ajouteraient nos impressions à des pensées qu'il nous est permis de connaître par des confidences admirables?

Que de lettres j'ai reçues, de plusieurs parts, avec respect. Voulez-vous que nous écoutions un de ces cœurs ennoblis par la souffrance et que vous voyiez ces êtres de faiblesse, courbés par la douleur, prenant d'elle un plus magnifique ressort? Voici ce que je crus entendre, tandis que les chanteurs psalmodiaient les proses des morts dans la chapelle tendue de noir :

« La vie s'ouvrait si belle devant nous ! Nous travaillions ensemble, nous élevions les enfants, nous nous réjouissions à chaque naissance, nous voyions la route droite si bonne ; il n'y avait plus qu'à vivre pour réaliser tous les chers projets un à un. Nous nous sentions capables de donner à la France et de bien élever plusieurs enfants, nous voulions fonder une vraie famille ; nous restons avec un ou deux seulement, et la tâche nous semble au-dessus de nos forces ; c'est que notre guide, notre soutien, celui qui nous rendait tout facile, qui nous montrait la route à suivre n'est plus...

« Mais ne nous semble-t-il pas qu'invisible à nos côtés il nous dit « courage »? Ne savons-nous pas que plus notre sacrifice est grand, plus il est beau? et que, c'est à notre vaillance et non à nos pleurs que doit se mesurer notre amour?

« Il ne faut plus penser au bonheur pour nous, c'est fini, cela n'existera plus; il faut penser aux petits. Leurs petits! Nos maris sont morts pour eux; nous devons vivre pour eux, et ce devoir si impérieux, il faut l'accepter pleinement. Il faut vivre pour leur dire quel papa ils ont eu, combien il était bon, gentil, affectueux, comme il les aurait bien dirigés, comme il en aurait fait des hommes, et des hommes utiles au pays.

« Notre devoir à nous est aussi clair que le leur, notre tâche plus longue, mais bien périlleuse, bien douloureuse. Nous aurons des moments d'affreuses défaillances, de désespoir, de doute sur le parti à prendre, sur la route à suivre, mais toujours, je le crois, nous les surmonterons, car toujours nous aurons cette pensée qui nous viendra à ces moments pénibles : « Lui a bien souffert et lui a bien vécu des

« heures douloureuses et encore il n'avait « pas, comme moi, pour le soutenir, le « sourire des petits »; et puis surtout nous nous dirons : « Lui parti, c'est à moi « d'en faire de vrais Français, des Fran- « çais bons, énergiques, avec un esprit « bien large et une conscience bien droite. « C'est à nous de les élever d'après les « goûts et les principes de leur papa. Il « faut que ce soit le souvenir de celui qui « les a tant aimés qui les guide toujours « dans la vie. »

« Il y a des imbéciles qui vous disent : « Oh ! les petits ne souffriront pas, ils « sont trop jeunes pour se rappeler ; ils « oublieront vite. »

« Mais il ne faut jamais qu'ils oublient... Il faut qu'ils aient de leur père un souvenir très lumineux, très vivant, qu'ils sachent bien que c'est parce qu'ils avaient un papa jeune, brave, robuste et vaillant qu'ils ne l'ont plus ; que si leur papa avait été un papa à la conscience moins droite, un papa plus froussard, il se serait embusqué dans un bon petit poste pas trop périlleux, et il en serait revenu sain et sauf à la fin de la guerre. Il faut que nos petits sachent bien qu'il vaut mieux pour eux n'avoir plus de papa qu'un papa lâche, — pourvu qu'ils aient une maman vaillante et gaie.

« Eh ! oui, il faut que nos petits soient élevés gaiement, — leur papa l'a tant recommandé, — car le bonheur et la gaieté sont indispensables à la vie de l'enfant. Comment voulez-vous qu'un enfant se développe librement dans une atmosphère de tristesse? Vous n'avez pas l'intention d'en faire des ratés, des vaincus de la vie, de leurs petits? Vous ne voulez tout de même pas que plus tard dans la vie, par notre faute, ils soient moins bien préparés à la lutte, moins bien armés que les enfants des embusqués, auxquels ils auront à disputer les places au lycée d'abord, et plus tard dans les grandes écoles, aux concours de droit ou de médecine.

« Il ne faut jamais dire devant nos enfants : « Ah ! mon pauvre petit, tu n'as « plus d'appui dans la vie, tu réussiras « difficilement ; comme nous sommes à « plaindre ! Si ton père avait vécu, comme « tous les obstacles auraient été aplanis ! » Mais non, il faut donner à nos enfants une confiance invincible en eux-mêmes, mais sans vaine présomption ; il faut qu'ils pensent : « Avec un papa comme le mien, « on réussit toujours ; lui n'était bien « arrivé que par son travail, sans pro- « tections, sans appuis ; j'arriverai bien, « moi aussi. » Quand, pour eux, dans la vie, viendra l'heure des pénibles épreuves, ils se diront : « Qu'est-ce que « cela à côté de l'épreuve que mes parents « ont vaillamment supportée? »

« Travaillons sans relâche afin qu'en leur cœur, en leur esprit, subsiste, ineffaçable, l'empreinte de leur père. Pour cela, conservons-leur les amis de leur père, ses lettres, tous les menus souvenirs. Parlons de lui souvent et gaiement, fouillons nos souvenirs et interrogeons notre mémoire ; nous leur conterons des tas d'anecdotes, de menus incidents sans intérêt pour d'autres que pour eux et pour nous. Mais c'est par des milliers de petits détails qu'ils auront conscience que leur père a vécu réellement, qu'ils connaîtront plus intimement ses goûts, ses idées, ses préférences.

« Notre pensée dominante, c'est que nous voulons, aujourd'hui comme avant, plaire à celui que nous aimions plus que nous-mêmes. Eh bien! la seule preuve d'amour que nous puissions encore lui donner, c'est de faire de nos fils des vaillants comme leur père; de nos filles, des femmes capables d'être les compagnes et les collaboratrices de maris qu'il eût estimés.

« Par amour pour nos morts, et pour nos enfants, surmontons notre désespoir. Dans une lettre d'adieux écrite avant de partir à la guerre, par un jeune papa à l'aîné de ses enfants, il y avait ces quelques conseils que je dois mettre à profit : « Je « ne veux pas que le souvenir de leur « père mort pèse sur nos enfants et soit « une gêne pour le développement de « leur esprit et de leur gaieté. La mort « de leur père ne doit pas les diminuer « dans la vie. Ils y doivent trouver, au « contraire, une raison de plus d'agir et « d'être pour toi un réconfort et, plus « tard, un soutien. »

Ainsi parlent les femmes françaises, et voilà dans quel refuge de pensées elles s'établissent. J'ai cru pouvoir transcrire (sans rien y modifier) cette effusion d'une âme héroïsée par la souffrance, parce que je me suis rappelé cette phrase du témoin américain que je citais, il y a trois jours : « En France, à cette heure, il n'y a pas un homme ou une femme qui n'ait quelque chose à dire d'intéressant. Les hommes et les femmes y sont devenus humains d'une façon surprenante et splendide. »

Je m'applique à recueillir tout ce qui est à la gloire de notre nation. On multiplie les forces morales en les plaçant devant tous comme des modèles. Souvent le bonheur marque un arrêt du cœur, mais la douleur fait descendre chacun dans son âme plus avant qu'il n'avait jamais regardé. Les femmes françaises, dans ce drame de la patrie, sont exemplaires. Je remercie mon cher ami Frédéric Masson de m'appeler à collaborer avec lui dans l'œuvre qu'il a fondée pour les servir.

CHAPITRE VI

MARRAINES DE MUTILÉS

Ceci me conduit à une idée que je soumets à mes lectrices. On sait l'agrément que nos soldats trouvent dans la charmante institution des marraines. Elle a pu présenter des abus ; quelques types ingénieux jusqu'à l'excès s'assurent six, dix marraines ; et puis ceci, et puis cela ; mais des inconvénients de détail n'empêchent pas que, dans l'essentiel, c'est bien aimable, ce rapprochement à travers l'espace des femmes françaises et de ceux qui les défendent. Pourquoi n'adapterions-nous pas cette idée à notre œuvre? Je demande à nos donatrices si elles ne veulent pas devenir marraines de mutilés. Toute dame qui créerait une bourse (c'est 800 francs), ou bien une demi-bourse (de 400 francs), ou qui voudrait participer au don d'un appareil (la participation, qui varie selon l'appareil, est en moyenne de 150 francs) pourrait réclamer le titre de marraine, et par là s'engagerait à suivre moralement dans la vie le grand blessé qu'elle aurait une fois aidé. Elle le suivrait moralement, je veux dire qu'après qu'il a quitté notre école et qu'il est en mesure de gagner sa vie, elle demeurerait en relations avec lui et, se souvenant toujours qu'il a souffert pour la France, elle donnerait une voix à notre amitié à tous, chaque fois qu'il y ferait appel.

Je crois à la bonté et à l'utilité de cette création, qui compléterait, ferait plus aimable encore la générosité de nos donateurs. Nous serons toujours dans la vérité quand nous sortirons du patriotisme abstrait et quand nous rapprocherons les êtres les uns des autres. C'est la supériorité que les œuvres privées peuvent prendre sur les meilleures organisations de l'État. Et si j'entraîne des lectrices dans l'action (ne faisant d'ailleurs que suivre d'admirables initiatives et les exemples que nous donnent d'innombrables Françaises) je leur rends service à elles-mêmes. Toutes les femmes n'ont pas pu pénétrer dans les ambulances, de même que beaucoup d'hommes ne peuvent pas être dans les tranchées parce que leur âge, leur santé ne sauraient pas y rendre service ; eh bien ! qu'elles saisissent l'occasion d'être utiles, secourables, amicales à ceux qu'elles ne peuvent pas soigner comme font les plus favorisées d'entre elles. L'appui moral qu'elles donneront à nos mutilés sera fécond pour elles-mêmes. Elles entreront dans le grand courant, s'associeront selon leur force à la mobilisation générale de la France, participeront pour une petite part aux mérites qui transfigurent notre patrie devant l'univers.

CHAPITRE VII

L'ÂME DES RUINES

Me voilà donc, au soir tombant et sous la pluie, dans les ruines de Gerbéviller-la-Martyre, qui cherche les religieuses portées à l'ordre du jour de l'armée par le général de Castelnau.

— Vous voulez voir la chère sœur Julie? Il n'y a pas à vous tromper. C'est la maison qui reste, en montant, à votre main droite.

La maison qui reste! La voici : une maison sans cachet, mi-paysanne, mi-bourgeoise, et la salle à manger, où j'attends quelques minutes la sœur, est ornée d'une suspension en camelote du bazar.

Je suis bien content de cet ensemble sans grâce, commun. Je vais voir en pleine vie médiocre un fruit né de la circonstance.

Mais voici Mme Julie Rigarel, en religion sœur Julie, celle-là même que le général a glorifiée, que le préfet est venu embrasser, à qui le sous-préfet a conféré provisoirement tous les droits du maire.

— Ma sœur, avec un grand respect, le président de la Ligue des patriotes vous salue.

Et j'explique à la noble femme que je parcours la Lorraine pour me renseigner sur les vilenies des Allemands et sur les mérites de mes compatriotes.

Je distingue mal ses traits, dans la faible lueur que donne la petite lampe à pétrole de la suspension. Je vois seulement que c'est une personne un peu forte, débrouillarde, parlant vite, avec beaucoup d'accent, pareille à toutes les religieuses et à beaucoup de dames de nos petites villes, mais demeurée plus rustique et rayonnante de bonté.

— Mais qu'est-ce que j'ai donc fait pour qu'on s'occupe de moi comme ça! Les sœurs de Saint-Charles sont hospitalières, je ne devais pas agir autrement.

Les sœurs de Saint-Charles! La congrégation lorraine par excellence, une vieille fondation de notre duché. De par leurs lettres patentes, du dix-septième siècle, elles avaient mission de prier pour la conservation et la prospérité de la maison de Lorraine. Elles viennent de bien servir l'honneur du peuple lorrain.

— Soit! ma sœur, vous n'avez rien fait qui soit extraordinaire pour une sœur de Saint-Charles. Mais des choses extraordinaires, vous en avez vu.

— Ah ! j'en ai vu ! La grande fusillade et le bombardement, ce fut le 25 août, de 9 heures du matin à 9 heures du soir. Dans la nuit du 23 au 24, on nous avait envoyé des petits alpins pour défendre le passage. Une cinquantaine, et si jeunes, des enfants. Ils se battaient. Nous recevions des bombes, des balles. Le maire leur dit : « Mes enfants, vous ne pouvez rien, ils sont trop nombreux. Et vous allez exposer le village. » Ils répondirent doucement : « Le général nous a donné l'ordre de tenir jusqu'au bout. » Et ils tinrent jusqu'au soir, où l'infanterie allemande arriva dans le centre de la ville. A ce moment, ils réussirent à se glisser à ras de terre et puis par-dessus les murs du cimetière, sans que les Allemands les vissent. Alors ceux-ci s'en prirent aux gens de la ville. Ils entraient dans chaque maison en frappant et en chassant tout le monde. Un officier arriva chez moi avec des soldats. Il monta chez mes blessés. Les pauvres petits tremblaient. Et moi je me suis mise entre eux et lui et je disais : « N'y touchez pas, ils sont blessés. » Alors il allait à chaque lit et jetait, lui-même, la couverture à terre, pour voir les pansements. Il avait un revolver dans une main et un poignard dans l'autre. Je le suivais, je le précédais. Ah ! j'étais effrontée. J'en suis encore étonnée. Comment ai-je osé? Je ne savais pas alors qu'ils étaient en train de tuer et de martyriser des femmes, des enfants dans le village.

Elle me donne des détails sur les crimes des Allemands contre les personnes, et, soudain, épouvantée par les images qu'elle réveille :

— Croyez-vous qu'ils reviendront? me dit-elle. Oh ! j'ai peur !

Cette interruption est bien belle ; elle laisse voir la nature sous l'excellence de la religieuse.

— Ils vous ont épargnées, vous et vos religieuses, ma sœur?

— Je soignais leurs blessés comme les nôtres. C'est mon devoir de sœur de Saint-Charles. J'ai le droit de préférer les nôtres, mais eux, je les soignais également. Tenez, le 25 août, nous avons eu 258 blessés prussiens, et personne pour les soigner. « Et vos majors? leur disions-nous. — Ils nous ont abandonnés. » Nous les pansions. Nous ne savions rien faire de savant. Il y en avait un, ses deux doigts pendaient : je les ai coupés avec mes ciseaux. C'est à Rozelieures surtout qu'ils ont été massacrés par notre 75. Ils n'avaient plus de mollets, plus de joues, plus de côtes.

— Se plaignaient-ils?

— Non. Ils disaient : ça me brûle. Ils étaient entrés à Gerbéviller le 24 août, le soir, je vous l'ai dit. Eh bien ! le 28, à 5 heures du soir, les Français rentraient. Vous pensez quelle lutte, et qui a duré, sans discontinuer, jusqu'au 13 septembre, à 8 heures du soir. C'était la bataille toujours, le duel d'artillerie, la mitrailleuse surtout, ce que nos gens appellent le moulin à café.

La sœur me donne un tas de renseignements que je laisse glisser à terre pour recueillir seulement ce qui me la fait connaître elle-même. Ce n'est pas le désastre de Gerbéviller que je lui demande : j'ai vu les ruines ; et ce n'est pas non plus le récit du combat : il faudrait le placer dans l'ensemble des opérations. Je suis venu pour la voir, elle-même, pour voir une personne qui possédait à son insu une puissance héroïque et qui s'est révélée dans un mouvement d'enthousiasme quand cela fut nécessaire.

— M. le curé, me dit-elle, avait été emmené par les Allemands. L'église brûlait. Alors l'idée m'est venue soudain que le ciboire était en danger. J'ai couru le prendre dans le tabernacle, je l'ai apporté ici, et m'étant mise à genoux, je me suis communiée.

Ici, dans cette salle, sous la suspension dorée! Ce tableau m'explique la sœur Julie : une nature excellente, formée divinement. Je me trouve en présence d'une personne de la campagne, pleine de bonté et d'esprit pratique, mais tout cela rehaussé par le sentiment mystique.

Tandis que nous causions, d'autres sœurs, des infirmiers, des officiers, des soldats et puis des éclopés, des réfugiés, parmi lesquels des enfants et quelques-uns des pauvres habitants revenus dans les ruines sont entrés, l'un après l'autre. Ils m'expliquent qu'ils ont fini d'enterrer les morts de la bataille et que le lendemain matin, au milieu des tombes, on dira pour eux une messe en plein air. Ils me demandent d'y prendre la parole ; la sœur Julie insiste, et moi, j'en décline l'honneur, non que je veuille m'épargner un petit effort pour des gens qui se sont fait tuer, mais parce que je me sens indigne d'un si grand rôle réservé dans mon esprit aux prêtres, aux soldats, à ceux qui ont souffert.

— Vous auriez fait plaisir à tous.

Ce mot de la sœur Julie me poursuit dans l'obscurité où je me retrouve, tandis que la voiture, une fois encore, nous fait traverser les ruines et court vers Lunéville. Je songe au service qu'elle nous rend en manifestant la générosité morale de notre nation auprès des horreurs allemandes. C'est par elle que l'on comprend le cri de l'orateur sacré : « Les mains élevées vers le ciel enfoncent plus de bataillons que les mains armées de piques et de lances. » Il est certain que cette religieuse qui soigne les assassins eux-mêmes sur le lieu de leurs assassinats, et quand elle est la fille et la sœur des victimes, vous a une autre allure dans Gerbéviller que les ivrognes sur le charnier dans Raon. Souhaitons qu'elle soit vue dans les décombres de sa ville, cette âme rayonnante de femme française, par les Américains et par les nations neutres qui balancent entre la France et l'Allemagne. Mais qu'avais-je besoin, tout à l'heure, d'opposer à son désir mes scrupules ! Elle a organisé une belle cérémonie : elle trouve que mes titres, quels qu'ils soient, y ajouteraient quelque chose ; je n'ai qu'à lui obéir. Retournons à Gerbéviller. J'y retourne et je lui dis :

— Ma sœur, c'est entendu. Je vais coucher à Lunéville, mais demain à neuf heures bien exactement, je serai de retour et vous rejoindrai, pour la messe, sur le plateau, entre Gerbéviller et Moyen.

CHAPITRE VIII

HISTOIRE DE L'HOSPICE D'ÉTAIN

Écoutez l'histoire de l'hospice d'Étain et son exode racontés par une religieuse, dont je respecte la pensée en me bornant à quelques suppressions :

Le 24 août, nous avons subi le bombardement, dirigé en particulier contre notre maison, pendant vingt-deux heures que nous avons passées à la cave, en compagnie de notre Maître adoré. Il nous semblait être dans les catacombes de la primitive Église. Cette nuit de frayeur et de délices restera pour chacune de nous un éternel souvenir d'amour et de reconnaissance envers Dieu. C'est miraculeux que nous soyons restés tous vivants, sans aucune blessure. La maison a été frappée par plus de deux cents projectiles. Le soir du 25, nos deux gamins (deux orphelins hospitalisés) s'amusaient à ramasser dans nos chambres, en quantité, les balles de mitrailleuses et les éclats d'obus. Quand les majors sont arrivés dans l'après-midi, ils étaient tout surpris de nous retrouver tous et la maison debout, grâce à Dieu.

Les 26, 27, 28, nous avons été très occupées, nuit et jour, à soigner les blessés ; nous ne savions de la ville qu'une chose, c'est que l'incendie la dévorait sans cesse.

Nous avons passé cette longue semaine au milieu des incendies, ne voyant nuit et jour que flammes, n'entendant que leur crépitement. Restait-il dans la ville une vingtaine de personnes disséminées, c'était tout. Nous ne nous sommes aperçues de notre isolement qu'après le départ des blessés. Nous avions ignoré l'ordre d'évacuation. Dans le sauve-qui-peut, chacun ne pense qu'à soi, et c'est trop naturel. Le lendemain, on était bien venu nous offrir une ou deux places sur une voiture, j'ai refusé poliment. Nous ne pouvions partir sans nos vieillards, qui sont notre famille.

Après le départ des blessés, nous nous sommes risquées à aller jusqu'au cimetière, sur les tombes récentes des militaires, et nous nous sommes rendu compte du triste état de la ville. Ce spectacle navrait le cœur. Ce que les bombes et le feu avaient épargné, le pillage le ruinait. Ah! le pillage! Ces portes enfoncées à coups de hache, ces objets jetés çà et là, ces meubles brisés! Le cimetière était très abîmé, certaines tombes pulvérisées complètement.

Au milieu des tristes ruines de toute la ville, nous nous estimions privilégiées de pouvoir habiter notre maison, où nous pouvions facilement vivre quatre ou cinq mois sans le secours de personne. Le 29, de grand matin, j'entends des galops de chevaux. « Qu'est ceci? Il n'y a plus de chevaux dans la ville. » Je regarde prudemment derrière le rideau, j'aperçois une patrouille de ulhans examinant la maison avec un air de contentement. Ne voulant pas laisser nos sœurs dans l'embarras, je descends précipitamment et me présente à ces beaux sires, leur demandant ce qu'ils désirent; mais le chef, saluant poliment, me prévient et me dit en bon français, sans accent : « N'ayez pas peur, nous ne vous ferons rien, non, nous ne vous ferons pas de mal. — J'y compte bien, monsieur. » Il me demande alors ce qu'est la maison, s'il y a des blessés français, allemands; où habitent M. le maire, les adjoints, où sont les concitoyens, etc., etc. Quelle déconvenue! Personne de convenable pour recevoir ces messieurs; il faut que ce soit les servantes des pauvres qui fassent cet office; ce n'est guère brillant pour eux et ce ne doit pas être plaisant de venir régner sur des ruines.

Il place alors des sentinelles à la porte de la grille et toute la patrouille entre dans la maison, dans le jardin, demandant à boire, ou mordant dans les fruits à belles dents. Ils sont allés ensuite sur le champ de bataille enterrer les morts, les nôtres, si nombreux, hélas! Ils nous ont ramené quatre blessés français, qu'ils ont soignés et fait expédier à Metz en auto. Nous avions à la maison trois militaires décédés; ils sont allés, accompagnés d'une sœur, les enterrer au cimetière, et, en passant, ils ont pris les corps des époux T..., qu'ils ont enterrés à côté des militaires, dans la même fosse. Ce jour-là et le suivant, nous avons continué à avoir leurs visites de temps en temps pour un renseignement ou pour un autre.

Le lundi 31, assez matin, nous avons mis en train trois lessiveuses, pour en finir avec le linge des blessés. Nous étions bien occupées à ce travail, lorsqu'un chef allemand se présente vers neuf heures, et me dit :

« Madame, je viens vous dire d'évacuer la maison. — Pourquoi? — Parce que votre vie est en danger. (Quelle sollicitude !) — Pour quelle raison? Une bataille est inévitable entre Verdun et Étain, et, certainement, vous n'y résisterez pas, la maison tombera. — Nous ferons ce que nous avons fait, nous irons à la cave. » Mais son ton n'admettait plus de réplique. Je compris qu'il me fallait céder. « Et quand faut-il partir? — Aujourd'hui. » Sur ce, on fait un tour en ville, on recueille trois mauvaises voitures et trois plus mauvais chevaux encore, pendant que les vieillards prenaient un peu de nourriture, puis nous partons vers onze heures et demie.

Je ne veux pas dire la peine que ce départ nous a causée, en pareille circonstance. Le père Jaulny n'a pas absolument voulu monter en voiture et il est resté au jardin. Qu'est-il devenu? Il a été remplacé par le père Guinec et le père Jonvaux. Une pauvre femme de Rouvres, échappée à la boucherie, s'était jointe à nous, ainsi que Mme Louise G... et la pauvre dame R..., qui a su trouver notre maison pendant la nuit, lorsqu'elle a vu la sienne qui allait prendre feu. Tout ce cher monde se casait pendant que je prenais sur moi le

Saint-Sacrement de notre chapelle que j'ai remis à Verdun au premier prêtre rencontré.

Et nous voilà partis, ayant pour guides un infirmier, chez nous depuis huit jours, ainsi qu'un réquisitionneur, puis un individu de passage. Quelle triste caravane ! Il nous fallut gravir les côtes, descendant de temps en temps pour soulager les chevaux. Nous sommes arrivés à Verdun pour six heures, dernière heure du jour pour les civils. Après bien des pourparlers avec la police et la mairie, on finit par nous accepter pour la nuit dans une auberge où nos vieillards couchèrent sur la paille dans une salle de danse. M. l'adjoint loua une voiture et nous conduisit toutes les six chez nos sœurs de la rue Meautroté. Le lendemain, le gouverneur m'envoya conduire nos vieillards à Sens. Quant à nos sœurs, il les accepta à l'ambulance de la rue Meautroté, ce dont nous étions toutes très contentes ; au moins, on aurait les yeux sur Étain, et on verrait de temps en temps quelques connaissances.

Me voilà donc partie avec mes vieillards le 2 septembre, à six heures du matin. Nous arrivons à Châlons à six heures du soir, après le départ du train de Troyes. Il fallut rester sur terre jusqu'à onze heures et demie, et voilà qu'au moment où on nous appelle, arrivent en courant des centaines de Châlonnais, émigrant eux aussi ; en moins d'une minute, tous les wagons sont remplis. Nos vieillards infirmes, aveugles, etc., restèrent sur le pavé. On eut beau ajouter des wagons, la place manquait pour eux, en sorte que quand le train s'ébranla je restai sur le quai avec ma triste caravane. Une femme pourtant manquait à l'appel : Léonie. Elle fut dirigée sur Auxerre. Je suis allée l'y chercher dans la suite et l'ai retrouvée qui se mourait d'ennui dans un asile d'aliénés !

Vous ne serez pas étonnée si je vous dis qu'à ce moment j'avais les larmes aux yeux. Évidemment, le train suivant me ramènerait les mêmes difficultés. Consulté, le chef de service me conseille d'aller sur Chaumont ou Saint-Dizier. Je connaissais cette dernière ville, pourvue d'un hôpital et d'un asile de vieillards tenu par les Petites Sœurs des Pauvres. Je m'y dirige et parviens, après bien des difficultés, à caser mes pauvres vieillards. Un d'eux s'échappe pour chercher du tabac. Je mets vainement la police à ses trousses, il reste introuvable. Quelle n'est pas ma surprise d'apprendre qu'il avait passé à Verdun et qu'en se dirigeant sur Étain, il a été tué par la sentinelle... Je m'arrête là de ce récit, à qui je demande seulement qu'il nous fasse entrevoir la paisible énergie lorraine. Par excès de modestie et par simplicité de cœur, il se fait mal valoir. Avec la pureté du style en moins, c'est le sans éclat janséniste de l'histoire de Port-Royal par Racine. Il y aurait un autre tableau à tracer de ces servantes des pauvres, restant les dernières sous les ruines de leur ville, à faire la lessive des blessés, avec leurs orphelins, leurs sourds et muets, les vieillards déments, les infirmes, et guidant sans aucune peur la retraite de cette triste humanité.

CHAPITRE IX

LETTRES D'INSTITUTRICES FRANÇAISES

Voici une de ces lettres ; elle me désole et m'enchante :

Vous savez que vingt-cinq mille instituteurs combattent pour le salut de la France; tous font leur devoir, plusieurs se distinguent et beaucoup, hélas! sont tués déjà. Si nos petits soldats sont admirables, n'est-ce pas un peu grâce à nous, à nos leçons de patriotisme? — J'ai dirigé longtemps une école mixte où nous chantions de tout cœur : « Que ton sang soit à la France, que ton âme soit à Dieu! » et plusieurs de mes anciens élèves ont versé leur sang pour la patrie que je leur ai appris à aimer. — Et nous sommes fiers d'avoir formé cette belle jeunesse, quoiqu'on nous ait accusés d'être antipatriotes... Que ne nous a-t-on pas reproché? Pauvres Aliborons, cause de tout le mal! Tous les maux dont souffre notre pays : criminalité, irréligion, insuffisance d'instruction, etc.; on nous en rend responsables comme le baudet de la fable. C'est si commode de crier haro sur quelqu'un, plutôt que d'avouer qu'on est soi-même plus ou moins coupable. Et quand le pauvre âne regimbe, il est si ridicule! Il sait si mal se défendre! Car nous sommes des « primaires » et nous sommes les premiers à le déplorer, comme aussi nous déplorons l'ignorance de nos élèves du C. E. P.

Puisque les instituteurs ne peuvent être académiciens, pourquoi les académiciens ne se font-ils pas instituteurs? Pourquoi, au lieu de nous mépriser, — nous qui vous faisons connaître à nos enfants par des extraits de vos meilleures œuvres, — pourquoi ne nous aidez-vous pas? Oh! que vous devriez vous intéresser à notre humble, pénible, mais si magnifique tâche, nous encourager, nous diriger, écrire pour nos petits des choses très simples et très belles! Nos livres d'école devraient tous être faits par les meilleurs écrivains, les plus grands savants français. Pendant que nos braves collègues se battent, nous qui restons, nous nous dévouons aussi pour les remplacer, ouvrir des souscriptions pour les blessés, travailler et faire travailler pour les soldats, relever le moral des pauvres gens si prompts à se décourager. Plusieurs institutrices se sont offertes pour être infirmières, on n'a pas voulu de nous.

Veuillez pardonner à une petite institutrice bretonne son audace et ses plaintes...

J'ai le remords de ne pas avoir encore répondu à cette charmante Française, de tant de cœur et de tant d'esprit. Oh ! qu'elle aurait raison tout à fait, et comme je me mépriserais moi-même, aujourd'hui surtout, si j'avais jamais entretenu les sentiments qu'elle me prête et voué à la raillerie générale ces milliers et milliers d'instituteurs qui, dès avant la guerre, accomplissaient dignement leur tâche magnifique et qui, depuis, ont passé des paroles aux actes héroïques, avec la simple générosité que nous savons.

Encore une autre lettre, et j'aurai fini. Celle-ci me vient de moins loin :

... Je ne suis qu'une humble institutrice... presque ignorée de mon administration, et je ne vaux certes pas votre cultivateur de la Beauce, qui possède « une brouette de décorations », car je n'ai pas su décrocher

dans mes... ans de services, le moindre ruban violet. Mais il est un titre dont je me fais gloire... je suis une ancienne élève de Notre Dame de... Au sortir de ce couvent, j'ai affronté les concours difficiles d'entrée à l'école normale supérieure de..., où j'ai été reçue... La justice m'oblige à ajouter que jamais M. X..., dont j'eus l'honneur d'être l'élève, ne me fit grief de ma formation première. D'ailleurs je considère comme le plus grand bonheur de ma vie d'avoir eu les plus grands maîtres universitaires et pédagogiques de notre temps, après mes chères Mères de X...

Depuis, je suis restée fidèle et reconnaissante aux deux esprits, j'allais écrire : aux deux chapelles, et je crois fermement, comme vous, qu'il n'y a pas tant de divergences que cela entre les deux France, celle de Voltaire et celle de la tradition religieuse et idéaliste du dix-septième siècle. Elles sont bien près de s'entendre et de s'embrasser enfin, ces deux France, dont la communion est faite en moi depuis si longtemps. Ne sont-elles pas en train de se découvrir et de se révéler l'une à l'autre, sur le champ de bataille, où tous les Français se confondent?...

CHAPITRE X

COMÉDIENNE ET LIGUEUSE

Je viens de suivre le cercueil d'une jeune comédienne du Théâtre-Français, Mlle Malraison, admirée de tous les ligueurs. Elle venait dans nos fêtes dire avec un feu étonnant les poésies de Déroulède. C'était une chose charmante et touchante de voir par les plus mauvais temps, aux plus lointains quartiers, dans nos salles de réunion, souvent des brasseries bien enfumées, arriver cette jeune fille à la fois brillante et parfaitement simple. Vous pensez quel accueil enthousiaste lui faisaient nos ligueurs, quels bravos redoublés, quel ban et triple ban ! Et sitôt qu'elle montait sur l'estrade, que de rires et de larmes ! Elle s'appelait elle-même, en plaisantant, « l'enfant adoptive de la Ligue. » Songez si nos ligueurs, tous épris de théâtre, en vrais Parisiens, étaient fiers de leur comédienne ordinaire, de cette enfant qu'ils avaient connue, il y a trois ans, élève du Conservatoire, puis lauréate des deux premiers prix de tragédie et de comédie, pensionnaire ensuite du Théâtre-Français et jouant avec triomphe sur cette scène éclatante le rôle de doña Sol, son beau rôle dont elle fut si enivrée qu'en mourant elle a demandé d'être ensevelie dans sa robe de mariée du cinquième acte.

Comment cette jeune fille, qui s'en va à vingt-quatre ans était-elle devenue ainsi une ligueuse et des plus actives? Je lui dois mon témoignage et l'expression de notre gratitude.

Il y a juste trois ans, au mois d'août 1911, Jean, le président du *Souvenir français* en Lorraine annexée, m'invita à prendre part au pèlerinage sur les champs de bataille et à prononcer un discours à Metz. C'était audacieux de la part des patriotes messins, mais ils le voulaient, j'acceptai. Le secret fut parfaitement gardé. Le 14, dans la soirée, j'arrivai à Metz en automobile. Le 15 au matin, j'assistai à Notre-Dame à la messe de *Requiem*, dédiée aux soldats alsaciens et lorrains tombés sous Metz en 1870. A la sortie, je me tins près de la porte, avec « les dames de Metz » et les patriotes messins, parmi lesquels je puis citer le chanoine Collin et Jean (qui sont aujourd'hui en sûreté parmi nous), et, tout en serrant la main des assistants, je leur donnais rendez-vous pour le soir à la salle de la Cigogne. Pas d'affiches, nulle annonce, rien qu'une consigne passée de bouche en bouche et que, dans la journée, j'avais encore l'occasion de répandre parmi les paysans sur les champs de bataille. Au soir, la salle était pleine...

Ah ! cette salle inoubliable, les discours du pasteur protestant et du curé de village qui m'encadraient, et ces figures penchées vers moi avec tant d'amitié ! Nommer quelqu'un, à cette heure, ce serait désigner des victimes aux assassins ; mais bientôt, dans Metz libérée, on dressera, à la suite du nom héroïque de Samain, le livre d'or de la fidélité.

Qu'ai-je dit aux Messins, ce soir-là? En termes voilés, je leur ai prédit les temps où nous arrivons aujourd'hui et la magnifique union que la France, à cette heure, réalise.

— Nous vous admirons tous unanimement, leur disais-je. Vous savez qu'en France, sur tous les sujets, nous sommes profondément divisés; c'est notre vieux défaut national; c'est une maladie dont nous avons toujours souffert et dont nous nous sommes toujours guéris. A chaque fois que vous êtes en cause, nos partis ne disputent plus que pour savoir lequel d'entre eux vous aime le mieux.

Quand j'eus fini de parler, je causai avec chacun des auditeurs. Une jeune fille grande, toute jeune, avec une figure douce et fine et des yeux immenses, m'aborda, me dit qu'elle était d'un petit village près de Metz, qu'elle y passait quelques semaines, chaque été, qu'elle habitait le reste du temps à Paris où elle suivait les cours du Conservatoire. Elle me présenta à une parente âgée qui l'accompagnait. J'avais invité une vingtaine de personnes, parmi lesquelles Samain, à prolonger avec moi la soirée; je priai ces deux dames de vouloir bien être des nôtres.

Dans cette réunion plus intime, Mlle Malraison nous fut très utile. Je désirais honorer, féliciter, fêter Samain, mais bien qu'entre personnes sûres, il n'était pas raisonnable de faire trop de place aux discours où les patriotes messins auraient pu se laisser aller et se compromettre. Aussi, après que j'eus exprimé à Samain notre reconnaissance et que je lui eus donné l'accolade fraternelle, je priai la jeune apprentie comédienne de nous dire tout ce qu'elle savait de Corneille, de Racine, de Lamartine, de Hugo et de Musset, afin de ramener dans cette Metz captive, dans cette forteresse à demi germanisée, l'atmosphère de la France. Et c'était quelque chose de bien émouvant, ces Lorrains de la Jeunesse sportive, écoutant avec avidité les plus beaux poèmes de chez nous, les vieilles pensées immortelles de France que leur prodiguait la voix chaude et chantante de cette jeune fille. Nous entendîmes ainsi, bien avant dans la nuit, les grands couplets romanesques et passionnés de Musset et les sonorités profondes de Hugo :

O morts pour mon pays, je suis votre envieux.

Les Allemands bafouent les Français d'avoir des âmes chevaleresques. Les Messins de la Jeunesse sportive accueillaient avec enivrement toute cette littérature d'éternelle chevalerie, qui est la nourriture nécessaire à de jeunes Français et qui les place, dans la hiérarchie des êtres, bien au-dessus de la brutalité germanique.

Voilà comment la jeune pensionnaire de la Comédie-Française, que nous avons enterrée ce matin, est entrée en relations avec la Ligue des patriotes. Voilà le récit fidèle d'un des premiers services qu'elle a rendus avec une ardente et charmante générosité à la grande cause. Voilà les souvenirs et les images que je réveillais, ce matin, dans mon esprit auprès de son cercueil. Il y a cinq-six jours, j'étais allé la saluer dans la maison de santé où une dépêche amie m'avait averti qu'elle était en danger. J'avais causé avec elle, déjà mourante, de la victoire d'Altkirch, et je lui avais dit : « Mademoiselle, il faut vite vous guérir. Mais tout de même, si vous avez besoin de quelques semaines de convalescence, prenez-les sans fièvre. Il y aura des hauts et des bas, dans nos succès. Dites-le autour de vous. Ce n'est pas avant plusieurs mois que nous vous inviterons à dire des vers de Corneille, de Hugo et de Déroulède, en l'honneur du martyre de Samain, dans Metz purifiée. »

Tout à l'heure, en arrivant à l'église Notre-Dame-des-Champs, j'ai rencontré sur le parvis le chanoine Collin : « J'ai tenu à venir, » m'a-t-il dit. Ce qui reste de ligueurs à Paris était là, mêlés aux sociétaires de la Comédie-Française. C'était quelque chose de plus que l'enterrement d'une jeune comédienne, fêtée, adulée ; c'était le cortège d'une Lorraine à qui nous gardons de la gratitude. Adieu, ma jeune compatriote ; vous avez été, selon vos forces, la servante de Metz et de la patrie.

CHAPITRE XI

DÉVOUEMENT D'HÉLÈNE PAYEUR

Veuillez écouter ce que faisait et pensait, dans ce même pays, au cours de ces semaines honteuses, une jeune fille, presque une enfant. Sa lettre qu'on va lire m'a ému. Dans sa naïveté, elle peint les malheurs de la guerre tout comme une gravure de Callot. O Lorraine éternelle, terre foulée sans trêve et féconde en mâles beautés !

La jeune Hélène Payeur, dont le père, garde forestier des environs de Raon, est sous les drapeaux, s'est trouvée séparée de sa mère par la bataille et durant un mois est restée seule au milieu des bouleversements. Vous allez voir comment cette enfant de quinze ans et demi a protégé sa sœur Rita, âgée de sept ans et demi, et son frère Robert, âgé de cinq ans. Écoutez et dites-moi si c'est simple et beau :

Maison forestière de Cénimont,
par Sainte-Barbe.

Monsieur,

Je m'empresse de répondre à votre lettre que j'ai reçue avec plaisir. Je vous dirai que nous sommes tous à la maison forestière. Maman, dont nous avions été séparés dans la bataille du 25 août, est rentrée le 21 septembre; elle a été jusqu'à Fontenay. Quant à moi, je suis allée jusqu'à Sainte-Barbe avec elle, j'y suis restée un jour et une nuit, jusque quand les troupes allemandes sont arrivées. Nous avions emmené notre plus beau linge et notre vache. Quand fut tout en feu, ils ont brûlé notre vache et m'ont défendu de la sauver. Je suis restée seule avec Rita et Robert pendant une heure de temps, qui ne cessaient de pleurer. On ne s'entendait plus par le bruit des canons et des balles. Je me suis sauvée à travers les champs et les balles. Les Allemands me disputaient, mais ils me laissèrent passer à cause des enfants.

Je gagnai Baccarat à travers bois. Mais une bataille s'élève et je tombais sur mes jambes par la frayeur des balles. Je marchais toujours, malgré la défense des Allemands. J'arrivai à la Chapelle quand une grande bataille éclata au-dessus de Thiaville, je passai tout de même. J'arrivai à la maison qui était complètement pillée. Je me suis mise aussitôt à nettoyer pour pouvoir me loger. Je n'avais rien à manger, mais enfin les Prussiens sont venus faire leur cuisine chez nous et nous ont fait manger avec eux. Ils ont fait périr l'autre vache chez nous. C'était une perte, car notre vache était à l'écurie et un cheval dans le fossé au bord de la route. Il a fallu que je fasse enterrer tout cela en me plaignant aux officiers. Ils ont pris tout notre seigle, et notre blé qui n'était pas battu, ils m'ont défendu de le rentrer. Ils ont pris tout notre linge pour leurs blessés et nous n'avons plus rien à nous mettre. Rita et Robert marchent pieds nus. Ils ont arraché toutes nos pommes de terre et je n'ai rien eu à dire.

J'étais en souci, car je n'avais plus rien et je ne savais pas où maman était. Tout est triste en ce moment pour nous, car il faut travailler et ne rien gagner. Il y a trois mois que nous ne touchons pas un sou. Enfin, s'il fallait tout vous dire, je n'en finirais pas.

Nous avons reçu des nouvelles de papa,

il nous dit qu'il va bien; mais il ne nous dit pas où il est. Maman l'a vu à Gircourt lorsqu'il partait pour le Nord.

Quant à la petite baraque de chasse, il ne reste que le fourneau; les fenêtres sont cassées et il y a beaucoup de tombes allemandes autour. Nous avons encore la nappe, mais heureusement que nous l'avions cachée au bois avec un plumon. La maison forestière est brûlée, ainsi que celle de Miclo et celle de Marchal.

Notre petit chien est disparu et nous ne savons pas quelle fin qu'il a pris...

Petite fille courageuse, tranquille et charmante! Elle est digne des soldats qui, dans le même temps, couvraient le passage de la Moselle et parmi lesquels combattait son père. Elle a dans les veines le sang de Lorraine. Quelle simplicité, quel accord harmonieux entre le sentiment et la raison ! Quelle mesure dans l'imagination ! En regard du brutal appétit des barbares dans leur fange de Raon-l'Étape, comme elle rayonne, la pureté de cette jeune fille, mère de famille sur la montagne ! Je salue cette évidente supériorité du cœur, qui, le jour où elle s'allie à la supériorité de l'intelligence, crée le génie français.

CHAPITRE XIII

LES JEUNES FILLES DE MOYEN

Cette ardente prière, à laquelle en passant chacun de nous s'associe, a exactement la qualité, la force qui éclate dans les deux plus belles lettres que j'aie lues depuis le début de la guerre, et qui furent écrites par deux femmes lorraines, l'une paysanne de Moyen, l'autre paysanne de Moncel, qui sont des villages auprès de Lunéville, et toutes deux criaient vengeance, comme la femme sculptée par Rude, dans son groupe du *Départ*, avec une bouche violemment ouverte. « Nous te disons que tu sois fort et que tu ailles les venger, » dit la jeune fille de Moyen.

« Tu peux faire part de cette lettre à tes camarades pour que tous les soldats puissent nous venger, » redouble la jeune femme de Moncel.

Femmes admirables, témoignage de la vitalité puissante de nos campagnes, signe de ce qu'il y a chez nous de plus intuitif et de plus inspiré, qu'elles sont belles quand elles ramènent leurs fils, leurs frères, leurs maris au combat contre l'ennemi héréditaire et leur font jurer fidélité à la loi de leur race ! Voilà le fonds lorrain, la nappe d'eau vive d'où sortent nos réflexions et notre spontanéité.

Vous étiez là, jeunes filles de Moyen, vous, les trois sœurs Hasse, qui avez écrit, en date du 4 septembre, la lettre sublime au frère et qui d'une voix pressée lui disiez :

Mon cher Édouard, j'apprends la nouvelle que Charles et Lucien sont morts dans la journée du 28 août. Eugène est blessé grièvement. Quant à Louis et Jean ils sont morts aussi. Rose est disparue. Maman pleure; elle dit que tu sois fort et désire que tu ailles les venger. J'espère que tes chefs ne te refuseront pas ça. Jean avait eu la Légion d'honneur; toi, succède-le.

Ils nous ont tout pris. Sur onze qui faisaient la guerre, huit sont morts. Mon cher frère, fais ton devoir; l'on demande que ça. Dieu t'a donné la vie, il a le droit de te la reprendre. C'est maman qui le dit.

Nous t'embrassons de tout cœur, quoique nous voudrions bien te revoir avant. Les Prussiens sont ici. Le fils Jandou est mort. Ils ont tout pillé. Je reviens de Gerbéviller, qui est détruit, les lâches!

Pars, mon cher frère, fais le sacrifice de ta vie; nous avons l'espoir de te revoir, car quelque chose comme un pressentiment nous dit d'espérer. Nous t'embrassons de tout cœur.. Adieu et au revoir si Dieu le permet. — Tes sœurs : Berthe Hasse.

C'est pour nous et pour la France. Songe à tes frères et au grand-père de 1870.

Vous étiez là, paysanne d'Hériménil, M. G..., qui lanciez à votre mari (en date du 24 septembre) les apostrophes brûlantes :

Mon cher Henri, les Allemands ont été trois semaines chez nous à nous faire de la misère. Je vais te dire la vérité; car je ne peux garder cela pour moi; mais il faut que tu aies du courage comme j'en ai eu... Maintenant ne te fais pas de bile pour la famille, car tu n'as plus que moi à penser. Tu sais que j'ai été courageuse. Le courage fait la force; c'est pour cela qu'il faut que tu le sois, pour venger tes deux enfants et notre pauvre famille. Vous pouvez prendre tout courage pour les écraser tous, ne plus les laisser entrer chez nous, car moi, s'il était permis, j'irai prendre un fusil; tâche d'en tuer une paire? Tu peux faire part de cette lettre à tes camarades, pour que tous les soldats français puissent nous venger... Ne te fais pas de bile pour moi, car je n'ai plus d'enfants... Ce que je te recommande? De leur envoyer des boulets plein la gueule, les écraser tous, car ils ne méritent pas de voir la lumière.

Femmes des cantons envahis, voilà vos accents admirables et terribles quand la race inférieure entreprend de briser les os de notre race, et près de vous, plus parfaite encore, voici la sœur Julie et ses religieuses, vos parentes, qui conservèrent des soldats à la France et firent reconnaître par l'univers leur vertu. La femme, mieux qu'aucun être, est désignée pour sentir et pour traduire les puissances du sang. C'est à percevoir ses vagues profondes que l'on distingue de quelle ombre surgit le sublime. Je croyais sur ce plateau, durant cette solennité, parmi cette assemblée immobile, au milieu de ces sentiments éternels d'amour, de haine, de désolation, de courage et de religion, toucher la substance éternelle, l'âme même de ces territoires...

CHAPITRE XIII

UNE PARISIENNE

Et derrière ces hommes de l'avant, toute la France qu'ils sauvent de l'esclavage se hausse à leur niveau. Une Parisienne, Mme B..., était avec ses deux fils dans l'église bombardée, dans l'église martyre du vendredi saint. Tous deux sont atteints ; on emporte l'un grièvement blessé à la tête ; cette mère crucifiée saisit l'autre qui se meurt, le porte au pied de l'autel et d'un grand cri lui dit : « Mon fils, fais ton sacrifice pour la France et pour Dieu. »

CHAPITRE XIV

LETTRE D'UNE SERVANTE

Que dites-vous de cette servante qui, de Vesoul, m'envoie sa souscription dans les termes que voici :

*Pardonnez à une pauvre fille, domestique, la liberté qu'elle prend. Tous les soirs, ma journée finie, j'ai la permission de lire l'*Écho de Paris... *Enfin, aujourd'hui, je suis contente de pouvoir vous envoyer, pour nos chers et glorieux mutilés, vingt francs, représentant un mois de mon travail. C'est bien peu, et je regrette tant de ne pouvoir faire plus. Nous devons telle-*

ment à nos vaillants défenseurs. Veuillez avoir la bonté de les inscrire anonymement : Dieu et Patrie! en souvenir de mon frère chéri, mort pour la France.

CHAPITRE XV

LE SUFFRAGE DES MORTS

Depuis le début de la guerre, des centaines de mille de Français sont morts, qui valaient mieux que nous qui leur survivons. Dans le silence de sa conscience, chacun se dit que les faibles et les médiocres demeurent, et que les meilleurs de la nation sont étendus sous la terre qu'ils défendaient, depuis les boues du Nord jusqu'aux montagnes des Vosges.

Qu'allons-nous faire pour ces morts?

Aux plus fameux, nous dresserons des statues sur nos places publiques; aux autres, des stèles funèbres sur leurs ossuaires. Comme c'est froid, cette pierre, ce bronze et ces pompeuses inscriptions! que c'est insuffisant pour l'intime besoin qu'il y avait chez la plupart d'eux et qui subsiste dans leurs familles d'éterniser leur existence. Ils sont morts pour vivre dignement dans la mémoire des êtres qu'ils aimaient. C'est le vœu que l'on trouve dans leurs plus belles lettres; c'est le sentiment qui les réconforta, quand leur regard prêt à se fermer interrogeait, une dernière fois, leurs chefs et leurs camarades.

Ces morts dont nous entendrons la voix jusqu'à la fin de nos jours, pouvons-nous accepter qu'ils se taisent désormais et qu'ils ne donnent aucun avis dans la reconstruction de la patrie qu'ils ont sauvée?

Toute notre existence réelle, physique et morale, nous la leur devons. Sans leur sacrifice, Paris et ses trésors seraient anéantis et nous tous nous serions ruinés et réduits en esclavage. Si jamais l'action des morts sur les vivants apparut avec évidence, s'il fut à aucun moment permis de proclamer sur des tombes que ceux qui les remplissent sont les maîtres de la vie, c'est bien en parlant des héros qui brisèrent la force allemande, et à qui l'univers doit de n'être pas à cette heure germanisée. Les morts de la Marne sont les sauveurs du monde. Nous allons vivre de leur sacrifice ; leur exemple continuera de nous enseigner ; pourquoi n'auraient-ils pas le droit de faire entendre leurs conseils et leur volonté, comme nous tous, dans cette France que nous leur devons?

Je demande qu'ils puissent voter.

— Comment? C'est impossible. Les morts n'existent plus. En s'évanouissant ils se désintéressent des soucis de la vie.

— Cela n'est pas vrai des morts qui sauvent la France. Ceux qui tombent ces mois-ci demeurent au milieu de nous, occupent nos pensées, nous frôlent à toute heure, ne cessent pas d'errer de leurs familles à leurs compagnons de guerre. Ce qu'il y avait de meilleur en eux est passé dans ces camarades qui les vengent et dans ces femmes qui les pleurent et à qui nous remettons leurs croix de guerre. La veuve, la mère, le père, le fils d'un soldat tombé à la guerre sont visiblement ennoblis par leur deuil glorieux. Voyez leur attitude, écoutez leur propos, quelle transfiguration! Il semble que l'âme du mort soit venue doubler celle du survivant.

Chacun de nous pourrait citer des exemples nombreux et magnifiques de cette transfusion d'héroïsme. Écoutez cette lettre que vient de recevoir un soldat du 95e d'infanterie. Sa sœur lui annonce la mort de leur frère tombé face à l'ennemi :

« *Mon cher frère, ton frère vient de mourir, mais il ne faut pas le pleurer, car il a été blessé en faisant son devoir et sa mort est belle. Je t'envoie un mandat : bois à sa mort, comme tu boirais à sa noce.* »

L'antiquité classique n'a rien de plus beau. Cette Française de Sparte a hérité l'âme du soldat son frère, qui accepta de mourir pour la patrie, et non point son âme paysanne et quotidienne, mais son âme guerrière, telle qu'elle se haussa dans la minute du sacrifice.

Certainement le brave à l'heure où il tombe pour la patrie fait éclore des idées nouvelles dans le cerveau de ceux qui le voient et qui l'admirent. Ces idées, ce sont les siennes. Je demande qu'elles puissent s'exprimer.

Aujourd'hui encore, à la minute où j'écris cet article, une lettre m'arrive d'une femme dont les Prussiens viennent de fusiller le mari : « Je veux causer avec vous, me dit-elle ; la force que mon noble mari a mise en moi, je veux qu'elle profite à la France. » Oui, ce qu'il y avait d'excellent dans nos morts, ce que la circonstance a fait apparaître de sublime en eux repose dans leurs proches et demande à enflammer la France.

Je propose que les veuves des soldats morts pour la patrie disposent du bulletin de vote de celui qui ne peut plus défendre les intérêts de sa petite famille.

Je propose que le père, s'il n'y a pas de veuve, dispose, en même temps que de son vote personnel, du vote de son fils tombé face à l'ennemi, afin que les intérêts des soldats de la guerre soient défendus par le mort.

Je propose que la mère, à défaut d'une épouse et d'un père, reçoive le droit de voter, puisqu'elle a donné à la France celui qui l'aurait protégée.

Les détails sont à préciser. Avant que je dépose un texte à la Chambre, tous les avis me seront précieux. Aujourd'hui je soumets au public le principe. Le principe du suffrage des morts de la guerre. Il ne faut pas que par sa vaillance l'armée diminue ses moyens de se faire entendre. Il serait affreux que, de sacrifice en sacrifice, les combattants en arrivassent à se trouver moins nombreux que les non-combattants, et parfois à subir la loi des embusqués.

Ma proposition ne favorise aucun parti, puisque toutes les classes ont envoyé leur élite sur les champs de bataille. Je la confie, en dehors de toute catégorie politique, aux familles honorées par des deuils.

J'en appelle au cœur de la France. Nul ne méconnaîtra l'importance d'une grande manifestation nationale qui constaterait d'une manière décisive et saisissante notre gratitude envers nos sauveurs, notre volonté de les maintenir en esprit au milieu de nous et d'agir toujours en nous demandant s'ils nous approuveraient, eux qui sont notre élite.

CHAPITRE XVI

LA NÉCESSITÉ DU SUFFRAGE DES MORTS

Que faites-vous, me dit-on, de cette campagne que vous aviez commencée pour le suffrage des morts? L'auriez-vous abandonnée? Assurément non! L'autre jour, un des membres les plus estimés de la haute Assemblée voulut adopter cette idée. Il allait déposer une proposition au Sénat. J'ai réclamé amicalement le droit de conduire l'affaire.

Aller d'abord en pleine mer, dans l'immense public, c'est la condition du succès. Je l'ai bien vu pour la croix de guerre. « Encore une décoration! » me disaient des collègues. Je multipliai les articles.

L'armée de qui je tenais ma pensée la reconnut comme sienne, l'aima, la soutint et, dans peu de mois, le grand souffle du large nous faisait entrer au port.

Allons-nous trouver cette fois les mêmes appuis dans l'opinion? J'en suis sûr. Mais d'abord à qui nous adresser?

Aux soldats, aux familles en deuil, à toutes les femmes.

Soldat, s'il t'arrive de tomber au champ d'honneur, n'est-il pas juste que tu continues de te faire entendre par la bouche des tiens? Grâce à la loi du suffrage des morts, tu demeureras pour défendre avec ton bulletin de vote, au milieu de la cité, ton foyer, tes intérêts, ta pensée. Quel combattant refuserait cette prolongation de sa volonté, cette survie civique, cette augmentation du pouvoir des siens! Le capitaine Tabourcau, qui vient de publier sous la signature de Jean des Vignes-

Rouges cet admirable *Bourru, soldat des tranchées*, livre de souplesse, d'esprit, de mesure, à la gloire du soldat-paysan et des troupes qui prirent Vauquois, écrit :

Vous l'avouerai-je, parfois une angoisse me vient. Ces hommes qui fécondent de leur sang « la plus grande vie de l'avenir », par quels moyens pourront-ils dire : C'est ainsi que nous l'avons rêvée. Et si par hasard elle allait être faussée dans son développement par des causes encore inconnues ! Ah ! voyez-vous, c'est la grande tristesse qui assaille invinciblement celui qui forge le futur. Il n'est pas sûr que cet avenir pour lequel il se donne sera tel qu'il le veut, et un doute cruel surgit dans son âme : « Si mon sacrifice allait être stérile? »

Jean des Vignes-Rouges se rallie avec enthousiasme à l'idée du suffrage des morts.

Et nos familles en deuil? Ma proposition répond à leurs sentiments les plus spontanés. Cette mère, ce père, ces enfants savent qu'ils sont le prolongement de celui qui vient de partir en les couvrant d'honneur. Ils rêvent de le continuer, de le maintenir, de penser et d'agir comme lui, à sa place. Je leur en apporte le moyen. A chaque fois que ces parents croiront sentir un abaissement de la vie publique, des injustices, quelque manque de noblesse, ils interviendront pour dire : Ce n'est pas en vue d'un tel résultat que notre père, notre fils, notre mari a donné sa vie.

Et puis il peut arriver que l'on soit négligent, je n'ose pas écrire ingrat, envers les foyers privés de protecteurs. Cette jeune veuve, cette vieille maman, que pèseront-elles parfois auprès de la froide administration? Mais le bulletin de leurs morts à la main qu'elles s'avancent sans crainte! je les vois accueillies sur l'heure avec le plus affectueux respect par M. le maire, M. le sous-préfet, M. le député. Certains pays du Nord, de l'Est, gisent à terre broyés, dépeuplés par les crimes allemands et par notre système de mobilisation qui mit tous leurs réservistes en première ligne de la couverture dès 1914. O villages du 20e et du 21e corps ! Comment se feraient-ils entendre sur des ruines, ces enfants, ces vieillards, ces femmes, s'ils n'ont pas les voix de leurs morts? Dans la mairie reconstituée, au milieu des champs qu'elles auront labourés, il faudra bien que siègent des femmes.

Les femmes de France ! Par quelle porte plus noble veulent-elles entrer dans la vie publique? Les héros se soulèvent pour leur tendre le bulletin de vote. Elles débuteront dans la gestion des intérêts de la cité en exprimant les pensées de ceux qu'elles ont soignés, consolés et ensevelis. Jamais à l'origine d'aucun droit le monde n'aura vu de source si pure. La mère recevant ses pouvoirs de son fils, l'épouse de son mari, la fille de son père, quelle grandeur ! Les voilà citoyennes. Il y a dans ce baptême sur le champ de bataillle quelque chose d'invincible, une beauté si belle qu'il est impossible qu'on l'empêche d'exister. Qui donc osera demander que les femmes de France, dont les mérites s'imposent au respect attendri de tous, soient privées de ce couronnement au jour de la victoire?

... J'explique, je cherche à persuader ; je n'ai pas d'autre droit, d'autre force, mais ceux qui reviendront voudront, exigeront. Ils auront appris que l'action, c'est le salut. Je ne sais qui parlait de ces chevaux suspendus qui galopent en l'air sans avancer. Nous n'avons plus que faire de ces bêtes-là. Nous nous acheminentnons, nous courons vers un monde imprévu. La guerre a fait voir le fonds commun d'idées, de sentiments, de vénérations qui était en dessous, quelles que fussent nos particularités, chez nous tous Français et Françaises. Nous voilà sortis de l'ancien marécage. Comment, par qui avons-nous touché la terre ferme, la terre de salut? Par les combattants et par leurs familles qui sont, elles aussi, combattantes, qui supportent les coups, saignent, résistent, méritent. Eh bien! ces familles militantes, une nouvelle noblesse, à qui Viviani accorde le droit de relever le nom de leurs morts tombés sans héritier mâle, il faut qu'elles parlent demain pour que les éléments moins nobles ne prennent pas le dessus.

Le suffrage des morts étonne, inquiète, déconcerte quelques-uns. Mais beaucoup d'emblée s'y rallient. J'ai dit que je déposerai ma proposition à la Chambre avec Louis Marin, député de Nancy. Le consentement des populations de la frontière, si durement piétinées, est une première grande force. Toute la suite viendra si mes amis veulent m'aider. Examinant l'idée, Louis Latapie, dans la *Liberté*, disait : « Cette solidarité ainsi affirmée entre morts et vivants, ce sera la plus belle expression qui ait été réalisée de l'idée de Patrie, et la plus magnifique préface au renouveau de justice et de fraternité qui doit jaillir des horreurs mêmes de la guerre. » — « Le suffrage des morts, écrit dans *la Croix* de ce jour Henry Reverdy, est une pensée d'une splendide originalité... On dira qu'il peut en être mésusé par ses représentants. Mais a-t-on l'illusion de croire que les vivants n'abusent jamais de leur propre vote? »

Je ne puis dans un seul article développer ni même énumérer tous mes arguments. Une autre fois, je mettrai davantage en valeur l'intérêt des régions dévastées et dépeuplées, qu'on ne va pas tout de même laisser dans leur douloureuse infériorité électorale ! Qu'aujourd'hui, sur toute la France, mon appel puisse aller toucher nos trois appuis principaux : les soldats, les familles en deuil et toutes les femmes. Je leur confie la propagande du projet. Que pensez-vous d'une pétition? Il y a quelques mois déjà, vous en souvenez-vous, lecteurs, nous y avions pensé. Vous pouvez en demander le texte à la Ligue des patriotes.

23 novembre. — Pétition pour le suffrage des morts, soumise au Parlement par les familles des mobilisés. — Les morts de la guerre sont les machi-

nistes de tout ce spectacle de renaissance auquel, la paix venue, nous allons assister. Nul n'oserait le nier. Pourquoi sommes-nous les maîtres de la maison et libres de l'organiser sans nous courber sous la volonté allemande? Parce que les hommes ont combattu, parmi lesquels beaucoup nous donnèrent leur vie. De quelque côté que nous regardions, tout nous rappelle ces êtres de sacrifice. J'écris cette page à la Chambre, au milieu des bancs tapageurs qui reçoivent leur dignité de quelques écharpes tricolores marquant la place de nos deuils. A chaque mesure que nous discutons, qu'il s'agisse de relever nos ruines, de remettre en valeur nos champs, d'élever nos orphelins, le regard de l'âme aperçoit un soldat de la France, étendu sur la terre, à qui nous devons que ce débat soit possible.

Qu'est-ce que nous ferons pour notre

imagination et nos cœurs? Et quoi encore pour la justice?

Les grandes journées de la vie française, durant des années, vont se diriger vers les tombes de nos champs de bataille. Déjà le monde invisible absorbe l'attention des familles en deuil. Il est pour elle une partie de la France. Des ombres se tiennent auprès de chacun de nous. Quelle ingratitude, quelle misère d'esprit, si nous ne savons pas leur donner la parole et recueillir la pensée des meilleurs enfants qu'eut jamais la patrie. Voici donc le texte que je soumets à l'examen et à la signature de nos lecteurs :

Messieurs les représentants de la nation, depuis le début de la guerre, des centaines de mille de Français sont morts. Qu'allons-nous faire pour eux? Aux plus illustres, nous dresserons des statues sur nos places publiques; aux autres, des stèles funèbres

8

sur leurs ossuaires. Comme c'est froid, comme c'est insuffisant !

Ces morts que nous savons meilleurs que nous-mêmes et dont nous entendrons la voix jusqu'à la fin de nos jours, pouvons-nous accepter qu'ils se taisent désormais et qu'ils ne donnent aucun avis dans la reconstruction de la patrie qu'ils ont sauvée?

Nous ne songeons pas seulement à leur marquer notre gratitude. Nos intérêts nous préoccupent. La brusque disparition d'un dixième peut-être de notre corps électoral jettera un trouble profond dans la direction des affaires publiques. De sacrifice en sacrifice, les combattants et leurs familles en arriveront à être dominés par les non-combattants. Certaines communes, certaines régions dépeuplées par le hasard des batailles et les conditions du recrutement vont se trouver dans une douloureuse infériorité électorale. Comment empêcher que l'équilibre ne soit rompu aussi injustement?

Les noms des morts doivent continuer à figurer sur les listes électorales. Ils voteront par l'intermédiaire de leurs familles dont ils font la noblesse et qui leur vouent un culte pieux.

A l'issue d'une guerre où tous les enfants de la France furent plus beaux que dans aucun siècle, la Patrie doit un hommage aux femmes et aux mères des héros. L'enthousiasme glorieux de nos combattants est fait pour une grande part du courage et de l'abnégation des Françaises, et celles-ci, quand la funeste nouvelle tombe dans leurs foyers, sont dignes de recueillir (pour la défense de leur famille et de la patrie) le bulletin de vote du soldat dont l'âme était pareille à la leur.

Aucune objection d'ordre public ou social ne peut nous être opposée. Tous les partis et toutes les classes de la nation accomplissent leur devoir ; tous auront payé leur tribut à la mort : en maintenant à ceux qui tombent pour la défense de la patrie leur droit de vote, nous évitons l'injustice sans ouvrir la porte à aucune surprise.

En conséquence, nous demandons que la législation électorale soit modifiée de manière à donner satisfaction à la gratitude et à l'équité envers les familles décapitées et les régions décimées. Et laissant aux jurisconsultes le soin d'étudier les questions qui relèvent plus spécialement de leur compétence, nous réclamons le suffrage des morts.

La gratitude, l'utilité, la justice, voilà les trois chefs sous lesquels on peut réduire les arguments qui plaident en faveur d'une loi dont la grande beauté ne peut échapper à personne. Mais cinquante articles ne me suffiraient pas pour en faire briller toutes les faces.

Jean des Vignes-Rouges (c'est le capitaine Taboureau), l'auteur de ce beau livre, *Bourru, soldat de Vauquois*, où il montre un rude soldat-paysan qui, sous l'influence du souvenir de ses camarades morts, s'élève à de hautes régions spirituelles, souligne une des utilités du suffrage des morts dans la revue du front, *le Souvenir*. Je regrette de n'avoir pas lu, l'autre jour, cette page aux « Veuves de la guerre ».

Ce projet, écrit-il, me plaît infiniment... non seulement parce qu'il assurera la survie des morts, mais aussi parce qu'il va créer un grand devoir pour les veuves. Voici de faibles et douloureuses femmes chargées de représenter le compagnon de leur vie dans « la plus grande vie » pour quoi il s'est sacrifié. Tremblantes, elles accueilleront cet honneur... et peut-être au début leur paraîtra-t-il bien lourd... Mais, dès que ce devoir aura été compris, quelle transformation ! Ce sera pour elles l'origine de tout un développement de leur être... En effet, représenter son mari dans la vie de son temps... cela ne consistera pas à rechercher uniquement dans sa mémoire quelle pouvait être son opinion et la conserver étroitement telle quelle. Le soldat mort, comme tout homme, aurait modifié ses points de vue. En 1930, il n'aurait pas été le même qu'en 1914. Voilà donc la veuve obligée d'évoluer dans le prolongement des idées de celui dont elle veut perpétuer le souvenir... Quelle obligation morale féconde !... Cette veuve qui s'abîmait peut-être dans une noire détresse, maintenant la voici contrainte de se mêler à la vie... de s'enquérir des idées... de réfléchir, d'agir... au nom même de l'amour qu'elle conserve dans son cœur comme une relique... Et en même temps, l'esprit du soldat gagne la durée qu'il avait souhaitée... « Il est moins mort », puisque sa pensée ne s'est pas arrêtée au moment où il est tombé. Une compagne sûre et aimante a saisi cette pensée et lui fait donner tous ses fruits...

Henry Reverdy se place pour nous appuyer au point de vue du Nord et de l'Est :

Dans ces régions, non seulement les hommes ont été décimés sur les champs de bataille, mais d'autres ont été victimes des meurtres, des mauvais traitements et des déportations de l'Allemagne. Des villages entiers ont disparu, tellement rasés par les obus qu'on cherche leur emplacement. Si l'on ne tient pas compte à ces contrées du sacrifice des morts, on les mettra dans une véritable infériorité électorale à cause de la diminution du chiffre de la population. Arrivera-t-on à ce paradoxe que ce seraient les départements ayant le plus donné à la France qui prendraient le moins de part proportionnelle à sa direction?

Léon Bailby, Louis Latapie, Jean des Cognets font valoir d'autres raisons également fortes. A nos amis de regrouper tous ces arguments. Et d'abord qu'ils se procurent nos feuilles de pétition, les fassent signer autour d'eux, et nous les retournent. L'idée la plus vraie, la plus belle n'est rien si des hommes de foi ne lui donnent la chaleur et le mouvement.

Les patriotes ont deux tâches immédiates : la propagande pour une paix avec des garanties (c'est ainsi qu'il faut bien que je m'exprime obscurément, selon le rite imposé) et puis la propagande pour le suffrage des morts.

ALSACE ET LORRAINE

CHAPITRE XVII

L'ENIVREMENT D'AMOUR DES DEUX PROVINCES RECONQUISES

Une femme du peuple que je félicitais de sa modeste boutique brillamment pavoisée, m'a dit : « Nous n'avons plus d'étoffe pour nous faire des chemises, nous en trouvons pour nous faire des drapeaux. »

Une jeune Alsacienne, au milieu du défilé, a déclaré à Gouraud et au haut-commissaire Maringer : « Je suis sûre de n'être pas plus heureuse le jour de mon mariage. »

On me nomme des jeunes filles qui, dans le désarroi des jours sombres, dans la détresse des âmes, firent vœu, si l'Alsace était rendue à la France, de se donner à Dieu, de prendre le voile.

Écoutez ce discours que j'ai entendu où se mêlent les éléments les plus comiques et les plus attendrissants. Pour le bien mettre en place, représentez-vous, dans Strasbourg, une salle à manger modeste où se tiennent deux Alsaciennes, une femme de cinquante ans, institutrice de son métier, et puis sa fille, jeune personne de vingt ans. Ces deux dames se sont inscrites au bureau qui distribue des soldats français à ceux qui désirent les fêter, et elles attendent leurs deux invités inconnus.

La table est prête pour quatre personnes : des serviettes habilement plissées, au milieu un compotier avec des fleurs et des fruits. Le pied du compotier, les verres et tous les couverts sont ornés de petites faveurs tricolores.

On frappe à la porte. La jeune fille y court. Deux poilus entrent avec tout le harnachement, leur casque sur la nuque, deux beaux poilus du Midi, couverts de sueur et de poussière. Ils s'arrêtent, médusés par la blancheur et la fraîcheur de cette table et par la solennité émue des deux Alsaciennes. Et voici le chant d'allégresse qu'ils entendent et que je crois noter exactement :

— Entrez, messieurs (c'est la mère qui parle), soyez les bienvenus dans notre maison. C'est ici un foyer de la vieille Alsace où les cœurs sont toujours restés français. Nous sommes heureuses et fières de vous accueillir et nous tâcherons de vous gâter comme auraient fait vos mamans. Je vous en prie, messieurs, débarrassez-vous donc. (Les deux poilus se déchargent, et elles les aident à accrocher un fusil par ici, une sacoche par là.) Voulez-vous peut-être vous laver les mains? Vous serait-il agréable que je vous indique le petit endroit? Désirez-vous vous donner un coup de peigne? Passer vos pantoufles? (Les deux poilus font un geste de dénégation.)

Et au moment de se mettre à table : « Ah! messieurs, si cela vous est égal, vous pourriez peut-être aller saluer ma mère avant de manger? » Ils acquiescent. On passe dans une pièce voisine. Une vieille femme au lit, en camisole : « Maman, voilà les soldats français! » La vieille femme se redresse, les admire, écarte les bras : « Mon Dieu, il est donc venu, ce grand jour que nous attendions depuis si longtemps! » Elle demande à les embrasser, garde leurs mains dans ses mains, parle de son fils, qui a été soldat français en Afrique et pleure silencieusement en disant : « Je puis mourir tranquille, je sais maintenant que vous êtes là ! »

Ils retournent à la salle à manger et se mettent à table. « Voulez-vous du vin blanc? Préférez-vous du rouge? Nous boirons les deux. Et puis, j'ai mis de côté une bouteille de vieux vin de France que les Boches n'ont pas trouvée, et j'ai encore pu sauver une petite bouteille de kirsch ». Les deux poilus, raides sur leur chaise, répondent à toutes ces prévenances par de constants petits saluts, des inclinaisons du buste et de la tête. « Et maintenant, dit la bonne dame, où étiez-vous, messieurs, qu'avez-vous fait, racontez-nous vos exploits)? » La jeune fille insiste. Ils commencent. Je les laisse.

On trouverait la même scène à tous les

étages. Les rues sont quasi obstruées par des bandes de jeunes Alsaciennes et de soldats, jeunes officiers ou simples poilus, qui circulent, heureux comme des anges en se tenant à six ou huit par le bras.

Ce matin, dans la rue, comme le ciel se couvrait un peu, j'exprimais ma crainte que nos soldats ne fussent mouillés : « Non, monsieur m'a répondu une jeune passante, il fait toujours beau quand les anges voyagent. »

Et nos jeunes soldats aussi tiennent pour des anges ces jeunes filles. Hier, dans un cercle, une Alsacienne disait : « J'ai vingt-cinq ans, je ne me serais jamais mariée parce que je ne voulais pas épouser un Allemand . » Et un officier, s'avançant, lui dit devant tous : « Mademoiselle, j'ai l'honneur de vous demander votre main. »

Quand j'ai traversé Colmar, le commissaire de la République (c'est le titre des préfets là-bas), M. Poulet, me disait qu'il y avait déjà deux mariages de jeunes officiers dûment décidés (en moins de quarante-huit heures).

Tous ces faits que je vous rapporte valent mieux que des adjectifs pour vous donner une idée de l'océan d'émotion sous lequel sont submergées cette semaine les cités d'Alsace et de Lorraine, mais ils demeurent bien insuffisants.

CHAPITRE XVIII

LES FEMMES D'ALSACE ET DE LORRAINE

Voici le discours prononcé par Maurice Barrès à la réunion donnée hier après-midi au grand amphithéâtre de la Sorbonne par le comité de conférences « l'Effort de la France et de ses alliés » :

« Louis Barthou va nous décrire l'effort des femmes françaises pendant la guerre. Quel sujet plein de courage et de deuil, et par quel témoin, brave et douloureux !

« Barthou a éprouvé toute l'horreur de la guerre, mais il n'a pas lâché pied, il n'a pas laissé se détendre sa volonté, ni s'affaiblir son prodigieux don de vie. Il a gardé la voix haute, le cœur ferme pour regarder la réalité, et pour en dégager ce qui peut créer de l'enthousiasme. Par la plume et par la parole, depuis trois années, notre ami n'a pas cessé d'expliquer et de glorifier les efforts du patriotisme. Grand service rendu non seulement à la défense nationale, mais encore à la connaissance exacte de la grandeur humaine.

« Et qu'un tel rôle d'historien et d'animateur puisse être tenu par un grand blessé de la guerre, voilà ce qui est très beau. Depuis trois ans, Louis Barthou a dépensé encore plus de vaillance et de ressort qu'au temps où il redonnait à la France le service de trois ans.

« Nous avons hâte d'entendre notre ami et d'applaudir les femmes de France. Mais il a pensé que ce grand sujet, plein d'émotion et de beauté, ne serait pas dessiné dans toute son ampleur si nous laissions en dehors de notre regard les Alsaciennes et les Lorraines qui, là-bas, dès avant la guerre, chaque jour luttaient pour protéger l'âme de leurs enfants et pour maintenir sur la rive gauche du Rhin l'antique trésor de la plus généreuse civilisation. Je me lève pour lancer un témoignage, court et brûlant comme un vivat, à la gloire de ces avant-courrières de l'armée féminine française.

« J'apporte des textes. Des textes allemands. Les injures, les condamnations que subissent sans trêve les Alsaciennes et les Lorraines prouvent, avec un éclat souverain, la fidélité de nos sœurs et feront demain leur parure dans les fêtes de la victoire. Écoutez, voyez, la monture en est boche, mais ils jettent les plus beaux feux de la France.

« La *Strasburger Post* du 13 mai 1916 jetait un cri de ralliement à tous ceux qui veulent une « Alsace allemande », aux conseillers du gouvernement, aux politiciens, aux instituteurs ; elle leur criait : « La femme alsacienne, voilà l'ennemi. »

Le combat que nous avons à soutenir ici, derrière le front, pour la Germanie, disait-elle, est moins un combat d'homme à homme qu'une lutte pour amener à nous les femmes alsaciennes. Les hommes d'Alsace sont maintenant au front : il faut espérer que le tumulte des batailles en fera plus vite et plus certainement de bons Allemands que tous les beaux discours et tous les raisonnements que nous leur aurions pu prodiguer ici. Mais faisons en sorte que cette semence ne soit pas gâtée par les femmes, lorsque les soldats rentreront au foyer. Car ce sont surtout les femmes qui sont enduites de vernis français. Avant la guerre nous avons fréquemment constaté que les sentiments amicaux du mari à l'égard de l'Allemagne, sentiments acquis à l'école allemande et à la caserne allemande, devaient plier devant les idées « welchisantes » de la femme. Coûte que coûte, il faut que les filles de la bourgeoisie alsacienne cessent de ressembler à leurs mères, sans quoi, d'ici longtemps, nous n'aurons pas de repos. On peut se demander si tout ce qui était à faire dans ce sens a déjà été fait. Des sœurs enseignantes ont été condamnées. C'est toujours ça ! Seulement, il existe encore une série d'institutions privées dont le personnel enseignant a sans doute passé les examens officiels et se conforme aux programmes, mais qui n'en donnent pas moins un enseignement dont la prétendue neutralité confine à l'hostilité envers l'Allemagne.

« Nous voilà maintenant au nœud du problème sur la redoute principale. Quand toute résistance était devenue impossible, c'est la femme alsacienne qui a maintenu pieusement la France au foyer des familles, et les jeunes filles déjà, de toute leur âme, proclamaient la sainteté de la patrie française.

« C'est ce que confirme une enquête qu'en août 1915 la *Tæglische Rundschau* fit dans l'Alsace-Lorraine et dont voici les conclusions :

Les pensionnats de jeunes filles sont la gangrène du pays ; le mal incroyable qu'ils ont fait dans les quarante dernières années éclate maintenant aux yeux. Ils ont maintenu l'esprit français parmi les générations féminines qui ont grandi en Alsace depuis 1870 ; ils ont écarté de la conscience et du cœur de leurs élèves le sentiment des origines germaniques et des devoirs envers l'Allemagne. Les femmes auxquelles manquait, à cause de l'instruction qu'elles avaient reçue, l'attachement intime à la nationalité, à la langue, à la littérature et à l'histoire allemandes, qui, au contraire, étaient toutes pénétrées d'esprit français, ont agi de telle sorte sur leurs maris et leurs enfants que bientôt, chez eux aussi, la culture allemande a été dominée et étouffée par une pseudoculture franco-alsacienne. L'amour de notre littérature et de notre histoire, la connaissance intelligente de la civilisation et de l'effort de notre peuple qu'ils avaient acquis dans les écoles supérieures de garçons et fortifié sur les bancs de l'université, n'ont pas résisté aux grâces de la femme alsacienne. Ces vertus allemandes se sont étiolées, desséchées dans le mariage, lorsqu'elles n'en sont pas mortes.

« De tels textes somptueusement encadrés figureront, j'imagine, toujours dans la salle d'honneur des pensionnats de jeunes filles en Alsace et en Lorraine ; les noms des maîtresses qui enseignaient la France seront conservés.

« Qu'il me soit permis dès aujourd'hui de nommer Mlles Élisabetae Kæberlé et Marcelle Fabre, qui crérent dans plusieurs villes, notamment à Mulhouse et à Strasbourg, les « cercles des Annales », où des milliers de personnes se groupaient pour entendre des conférences, des représentations théâtrales, des morceaux de chant, bref la parole française, — et Mme Emma

Wust qui, peu après 1870, a fondé à Strasbourg et maintenu jusqu'à 1914 des cours populaires et des réunions de jeunes filles du peuple, à qui des dames de la ville venaient enseigner notre langue et les manières françaises.

« Notre langue, nos mœurs, nos usages, notre manière de penser et de sentir, voilà ce qu'il fallait maintenir, et d'une manière vivante, non seulement par des cours et des leçons, mais par la tradition. La tradition, puissance presque invincible ! Dans ces groupements de jeunes filles, on se passait la France de la main à la main ; on se communiquait la chaleur de la France. On y ressentait, à toutes les minutes, la fierté d'appartenir à une nation d'élite, et certes on s'y glorifiait de la France avec plus d'intensité qu'aucun de nous ne faisait dans ces minutes d'avant la guerre.

« Au reste, si vous voulez, nous pouvons entrer dans une de ces maisons qui furent les conservatoires de la France en Alsace-Lorraine. Et pour qu'on ne me soupçonne pas de les voir trop en beau, avec un esprit de système, je n'y veux pas être votre guide : ce sont des mouchards et des juges allemands qui vont nous en faire le tableau.

« Le 30 mars 1916, deux sœurs enseignantes de Guebwiller, la sœur supérieure Ludwina, née Eugénie Bach, et la sœur Émerentine, née Anna Exhert, comparaissaient devant le conseil de guerre de Mulhouse.

« Elles étaient accusées :

« D'avoir à plusieurs reprises, en présence de leurs compagnes, traité les soldats allemands de « sales cochons », de « sales Prussiens » et de « barbares » ; — D'avoir, le jour de l'anniversaire de l'empereur

(27 janvier 1915), dit à la sœur Émerentine, sur un ton dédaigneux, à propos d'un drapeau allemand qu'elles avaient à coudre : « C'est à la sœur Pauly (d'origine allemande) de faire ça : elle est aussi de cette race »; — D'avoir, à plusieurs reprises, déclaré en présence de ses compagnes : « Ils (les Allemands) devraient bien laisser l'Alsace aux Français. Elle a été française pendant deux cents ans et elle appartient à la France. Les Alsaciens sont et resteront de sentiments français ; » — D'avoir, jusqu'à Noël 1915, non seulement parlé toujours français elle-même, mais d'avoir, en sa qualité de supérieure, exigé des sœurs qu'elle avait sous ses ordres de ne pas parler l'allemand et de se servir du français ; — D'avoir dit à la sœur Théodora, qui lui rendait visite à Guebwiller : « Si à l'avenir la sœur Pauly ne se tient pas mieux avec

ses sentiments allemands, je la ferai passer la fenêtre », et d'avoir fait une moue dédaigneuse et tourné le dos à cette même sœur qui lui déclarait professer des sentiments allemands ; — D'avoir déclaré, au moment du bombardement de Reims : « Comment peut-on détruire à coups de canon la belle cathédrale? Et ceux qui tirent dessus inscrivent sur leurs drapeaux : « Dieu est avec nous » ; — D'avoir régulièrement démenti les victoires allemandes que l'on venait annoncer dans la maison des sœurs en disant : « Chères sœurs, ce n'est pas vrai ! » ; — D'avoir déclaré à propos de l'invasion allemande en Belgique : « Comment a-t-on pu assaillir ainsi un pays qui ne demandait rien? ; » — Enfin, d'avoir déclaré à plusieurs reprises à ses compagnes, en se frappant la poitrine : « Je suis une Française ! J'ai ça là dedans et personne ne me l'en arrachera ! »

« Les sœurs Émerentine et Ludwina sont en prison, chacune pour six mois. Elles s'y retrouvent avec des ouvrières de fabrique, des femmes de chambre, des vendeuses de grands magasins, des filles et des femmes de maires, d'industriels, de bourgeois, de pasteurs. Qu'ont fait ces grandes coupables? Elles ont proclamé qu'elles avaient du « sang français »; elles ont traité de « blagues » les communiqués officiels allemands; elles ont « critiqué l'empereur et le kronprinz », comme auteurs de la guerre; elles ont « flétri la brutalité des soldats allemands »; elles ont approuvé leurs fils, leurs maris, leurs fiancés de s'être jetés dans les rangs de l'armée française. Bref, comme fait à cette heure l'univers entier, elles ont méprisé les Boches.

« Toutes ces prisonnières portent l'uniforme des détenues de droit commun et mangent à la gamelle. L'une d'elles, une dame de la bourgeoisie, a pu faire passer de la prison une lettre où elle déclare que son seul ennui est de ne pas pouvoir se faire photographier en costume si honorable et en si belle compagnie.

« Le beau langage ! Vraiment, dans les écoles d'Alsace, on apprenait à parler et à penser ainsi? Vite, adoptons des méthodes qui obtiennent de tels résultats et qui inspirent aux personnes les plus humbles un sentiment si royal de la France. Mais les Allemands s'exagèrent la part de la scolarité dans la persistance des idées françaises en Alsace ; ils méconnaissent le rôle principal qu'ils jouent, eux-mêmes, dans tous les pays du monde, pour faire détester l'Allemagne.

« N'étaient-ils pas à Colmar le jour de l'enterrement du respecté M. Preiss, ou plutôt n'ont-ils rien compris à la scène du cimetière? M. Preiss, qui, pendant des années, a représenté au Reichstag l'Alsace, l'honneur et la tradition française, venait de mourir. Il succombait aux violences que, depuis 1914, il avait subies des Allemands. Quand son cercueil eut touché le fond de la tombe, soudain, du milieu de la foule, la voix frêle d'une toute jeune fille s'éleva. Tel était le silence de tous, raconte un témoin, qu'on entendait le sable glisser du haut de la fosse sur le bois du cercueil. Et Mlle Preiss, âgée de seize ans, hautement dénonça les assassins de son père.

« C'est ainsi que se forment dans le cœur des Alsaciennes et des Lorraines les plus belles pensées françaises. Ces femmes sont si nobles et si fortes, parce que, depuis quarante-sept ans, elles vivent à l'école de la souffrance. Leur âme est fille de la douleur. Tout au fond d'elles, des plus jeunes comme des aïeules, ce qu'on retrouve, c'est l'expérience de 1870, le souvenir des blessés, des morts qu'elles ont soignés, dont elles entretiennent les tombes, et qui ne purent les sauver. Pour comprendre ces cœurs véhéments, il faut remonter aux jours de terreur où, il y a un demi-siècle, Alsaciennes et Lorraines, elles eurent la révélation d'elles-mêmes.

« Le 7 septembre 1871, quatre mois après le traité de Francfort, un matin à huit heures et demie, la ville de Metz, encore pleine de sa population française, mais prosternée dans la douleur, se leva d'un seul mouvement. Aux appels du glas de la cathédrale, les quarante mille Messins s'en allèrent dans leurs maisons de prière, ceux-ci chanter à la cathédrale la messe des morts, ceux-là réciter au temple le cantique de l'exil, et ces autres, à la synagogue, leur psaume de deuil. Puis, toutes les cloches de la ville sonnant, ils se rangèrent, place d'Armes, derrière leurs prêtres et leurs magistrats, et se rendirent, la croix catholique en tête, au milieu de la stupeur des Allemands, au cimetière, devant le monument que les femmes de Metz offraient aux soldats français morts dans les batailles du siège... Nul dans cette procession de vaincus n'avait le droit de prononcer un discours. D'un mot emprunté au texte sacré, l'évêque rappela que saint Paul défend de désespérer. Et par trois fois il entonna le *Parce Domine*, tandis que la foule à genoux priait pour la France.

« L'esprit de ces grandes journées est demeuré pendant quarante-quatre ans dans celles que l'on appelait les « Dames de Metz », et qui, après avoir soigné les blessés du siège, et entretenu les tombes des morts, se mirent à la tête de toutes les œuvres françaises de bienfaisance. Peu à peu il se trouva que, sans l'avoir cherché, elles remplissaient une fonction publique, exerçaient une autorité morale et, les meilleures familles étant parties, ces modestes femmes formèrent une espèce d'aristocratie de sentiments et de mœurs. Elles servirent d'exemples pour que l'on sût ce que l'honneur à la française exigeait des nouvelles générations. Un profond respect des vainqueurs même les enveloppait. Leur première présidente fut Mme Bezanson et, la dernière, Mlle Aubertin, qui mourut à quatre-vingt-deux ans, à la veille de la guerre, et que l'on nommait, pour la distinguer des autres Aubertin, Mlle Aubertin la France.

« Que de scènes à peindre, que de types à glorifier, durant ces quarante-sept ans que les femmes d'Alsace et de Lorraine viennent de passer à nous attendre sur le champ de bataille ! Un demi-siècle de sacrifices pour la patrie, et tout cela dans l'ombre et le silence. Aujourd'hui encore je n'ose nommer qu'un petit nombre de ces héroïnes, à cause des barbares dont elles sont les captives. Qu'elles apprennent du moins que les Parisiennes s'étant réunies pour entendre un grand orateur décrire « l'effort de la femme française pendant la guerre » ont approuvé que d'abord il faut rendre justice à l'effort de la femme alsacienne et lorraine, considérée comme un modèle. Et qu'elles voient dans notre hommage un signe entre mille de la place éminente qu'elles occuperont demain dans la France de la victoire. »

CHAPITRE XIX

FEMMES LORRAINES SEMANT DU BLÉ

Ce livre, j'en vois le titre, *le Printemps de* 1915 *en Lorraine*, et dès le train une image m'a saisi, s'est fixée dans mon esprit, qui pourrait lui servir de frontispice. Sur une colline, trois femmes, la mère sans doute, une grande fille et une petite de dix ans, s'en allaient dans le sillon, sous les cerisiers en fleurs, en semant le blé. Qu'y a-t-il dans ces cœurs de femmes? Je ne vois même pas leurs visages. Rien que ce grand geste. Mais il remplit le paysage de courage et de confiance. La fin d'avril, les premiers jours de mai sont encore pauvres et minces sur la terre lente de l'Est. Mieux que les verdures et les oiseaux chanteurs, mieux que le délire du printemps de Syrie, qu'il y a un an j'ai respiré, mieux qu'aucune des magiciennes chantées par la poésie, ces trois femmes annoncent que voici le renouveau et que l'espérance entre en fleurs.

CHAPITRE XX

MADEMOISELLE GUÉRIN DE WALLERSBACH

Mlle Guérin de Wallersbach, qui habitait Guentrange, près de Thionville, en Lorraine annexée, est morte aux derniers jours de décembre. C'est un nom de plus à inscrire au martyrologe lorrain. Agée de plus de soixante ans, elle avait été arrêtée dès août 1914, et enfermée dans la forteresse de Coblence, à Ehrenbreitstein. Son crime? Son amour bien connu de la France. Elle eut la consolation de retrouver dans la forteresse cent cinquante de ses compatriotes. Elle fut jetée dans une affreuse casemate, avec des repris de justice et des filles publiques, car les Allemands avaient eu soin d'enfermer avec les Alsaciens et les Lorrains, toute la lie ramassée sur les routes. On la vit, tous les jours, obligée d'aller chercher, son unique écuelle à la main, sa pitance, à midi, dans la cour de la prison, au moment de la distribution commune.

Comme elle était la prisonnière de marque, elle reçut, peu de jours après son arrivée, la visite de l'officier chargé de la surveillance. Elle lui dit simplement qu'Ehrenbreitstein était pour elle un nom familier, puisqu'elle était née à Coblence lorsque son père, général français, était gouverneur de la ville et de la forteresse sous Napoléon Ier.

Mlle Guérin de Wallersbach était l'une de ces « dames de Metz », célèbres pour les soins que, pendant un demi-siècle, elles ont donnés aux tombes des soldats de 1870-71.

CHAPITRE XXI

ANECDOTES

Femmes d'Alsace-Lorraine. — Et, dans la ferme, une grande jeune femme, pleine de timidité, nous raconte, sans émotion apparente, d'une voix nette, avec des détails et des précisions, ce qui s'est passé le 20 août 1914, après la bataille : la charrette sur laquelle l'officier agonisant se taisait, essayait de sourire et disait qu'il n'allait pas trop mal : il était si faible qu'on n'a pas pu le transporter jusqu'à la maison ; il a fallu le descendre dans une prairie, et dans cette prairie la jeune femme a soutenu la tête du soldat jusqu'à ce que la mort vînt.

Elle raconte cela ; elle se tait, et peu à peu elle devient très rouge ; ses lèvres tremblent, elle se cache le visage des deux mains et elle pleure, comme si c'était hier qu'elle avait enseveli cet inconnu. Les femmes de Lorraine, il faut que toute la France le sache, ont été sublimes de tendresse pour les soldats qui venaient leur apporter la délivrance.

Une jeune fille lorraine. — Je questionne une jeune fille, parmi ces condamnées : « Qu'avez-vous subi, mademoiselle? — Trois mois de prison pour avoir envoyé des baisers à des chasseurs alpins prisonniers. » Et elle entre dans la farandole.

Les femmes alsaciennes. — Un des officiers qui venaient de procéder à cette revision du personnel masculin, me raconte qu'au moment où il se tourna vers les dames employées et dit : « Que celles qui sont Françaises... » ce fut, sans qu'il pût achever, une envolée d'alouettes. Nul autre mot. Proutt... Toutes ces Alsaciennes enivrées de fuir du milieu des Boches, venaient de se poser à sa droite.

CHAPITRE XXII

LA SERVANTE ALSACIENNE

Nous sommes nombreux à aimer les Alsaciens ; nous devons nous organiser. Vous tous qui me lisez, vous serez des nôtres. Voici un collégien, « jeune Français de la classe 19, » qui m'écrit pour me demander de le mettre en relations avec des Alsaciens : « J'ai toujours aimé les Alsaciens, et mon plus grand bonheur serait d'en connaître beaucoup, afin de les entendre parler de la France. » Et surtout, il y a une servante. Je ne ferai pas son éloge, car elle m'en voudrait, et pour vous qui allez admirer avec émotion sa lettre, je n'ai pas besoin d'y rien souligner :

Je suis Alsacienne, me dit-elle, *et en service à Besançon. Depuis le commencement de cette horrible guerre, avec ma sœur qui est également en service, nous nous occupons de nos pauvres soldats de l'Alsace qui sont sous les drapeaux ici, et surtout de ceux qui sont sur le front. Malheureusement beaucoup ont déjà été tués. Nous sommes de la vallée de Guebviller. Au commencement, nous n'avons aidé que ceux de notre vallée; mais ces garçons ont été avec d'autres soldats malheureux comme eux et ils leur ont donné notre adresse. Beaucoup de soldats inconnus s'adressent à nous pour avoir un peu de linge et surtout des chaussettes, papier à lettres, mouchoirs et savons. Jamais on ne nous a demandé ni argent ni friandises. Je tiens à la disposition de Monsieur toutes ces lettres pour la plupart malheureusement écrites en allemand; ces jeunes soldats savent bien causer le français mais pas encore l'écrire.*

Je me suis adressée à nos messieurs riches de l'Alsace qui habitent notre ville. Depuis deux mois on me promet; on veut faire une société, mais toujours rien. Je leur avais demandé s'il n'y avait pas une société : paquets des soldats ou autres qui pourrait envoyer les colis que j'achèterais moi-même, car ces soldats n'ont pas de dépôt ici et, pour chaque paquet de un kilo, je paie 1 fr. 35 *de poste. On m'a apporté une adresse où je peux déposer mes paquets. J'ai apporté de suite trois paquets, et j'ai averti les destinataires. Après quatre à cinq semaines d'attente, ces pauvres petits m'ont écrit qu'ils avaient bien besoin du linge qu'ils m'ont demandé, et leurs paquets ne sont toujours pas arrivés. J'ai écrit de suite au monsieur qui m'a apporté l'adresse, M. S..., un Alsacien interprète, au Près de Veau-Besançon. Ce monsieur est allé voir, on n'avait pas expédié les paquets. Tous ces pauvres soldats savent que je ne suis pas riche, ils m'écrivent seulement quand ils ont besoin de quelque chose; ils ne peuvent donc pas attendre si longtemps...*

Cette lettre broussailleuse est admirable. Voilà une personne toute perdue dans ses explications, dans ses phrases alsaciennes et dans ses difficultés de paquetage, mais quelle excellence de cœur! Cette servante qui s'en va porter les colis du pauvre soldat à un expéditeur négligent, et qui se désole, saluons-la, proposons-nous de réussir son humble entreprise.

Lamartine, qui écrivit la sublime *Prière de la servante*, eût donné à cette Alsacienne une place dans ses « récits à l'usage du peuple des villes et des campagnes »; je ne puis que lui demander d'accepter l'hommage de l'un de mes livres.

CHAPITRE XXIII

LES DAMES DE METZ

Pour mes dernières heures de Metz, j'ai voulu porter mes respects aux « dames de Metz » qui ont travaillé pendant quarante-huit ans à maintenir la langue française et le souvenir des soldats qu'elles avaient soignés en 1870. Durant la guerre, ces nobles personnes ont été, pour la plupart, emprisonnées ou exilées par les Allemands. Afin de reconnaître les services qu'elles ont rendus à la fidélité française et à la gloire de Metz, cinq d'entre elles viennent d'être désignées par la population indigène pour faire partie de la commission municipale. Mme de Thury est première adjointe. Je n'ai pas manqué de lui dire quelle satisfaction profonde c'est pour la Lorraine de voir que des deux côtés de la frontière aujourd'hui abolie, les femmes lorraines ont su tenir un rôle civique si hautement honorable. Il est à noter que la confiance municipale qui est accordée à Metz à Mmes de Thury et Amos, à Mlles Lacroix, Machino et de Saulcy, a été témoignée d'une manière analogue à la sœur Julie, à Gerbéviller. Entourée de ses sœurs, la supérieure de l'hospice de Gerbéviller reçut des mains de Mirman les fonctions de maire, comme Mme de Thury et ses collaboratrices les fonctions d'adjointes.

La démarche que je fais auprès de ces dames s'étend dans mon esprit à toutes les femmes de l'Alsace et de la Lorraine. Elles furent le plus solide appui de la France dans les pays annexés, et la fidélité qu'elles maintinrent dans leurs foyers a augmenté le prestige moral de notre patrie dans l'univers. Gloire à ces femmes et aux hommes qu'elles soutinrent et formèrent ! Les uns et les autres, en plus du puissant élan vital qu'ils vont nous donner, se posent devant nous comme des modèles ennoblissants.

CHAPITRE XXIV

L'UNION DES FRANÇAIS AUTOUR DE JEANNE D'ARC

Voici que revient l'anniversaire de la délivrance d'Orléans. Chaque année, à cette date, dans une véritable fête nationale, instituée par l'élan populaire, nous fêtons Jeanne d'Arc. Mais combien les circonstances, le passé le plus proche, le présent, l'avenir immédiat, nos gratitudes, nos espérances, nos anxiétés nous pressent de donner le plus grand développement à cette solennité ! Elle nous permettra d'exprimer tout ce que nous avons dans l'âme.

Le dimanche 11 mai, autour de cette

haute figure, française et universelle, honorée en France par tous les partis et, dans tous les peuples, par tous les esprits qui ont de l'humanité, nous allons manifester que nous sommes unis pour la paix comme nous l'étions pour la guerre. Et dès aujourd'hui nous ouvrons au siège de la Ligue des patriotes une permanence pour l'organisation de notre cortège.

D'ailleurs, si nous nous mettons à la disposition de tous les groupements, nous ne prétendons contrarier ni englober aucune autre formation. Tous les partis et toutes les pensées nationales peuvent se donner rendez-vous, fraternellement, avec leurs physionomies propres, dans cette journée française.

Les catholiques y viendront honorer la vierge inspirée du ciel que l'Église, pour la gloire de la France, place sur les autels. En attendant le jour du 1er juin, où ils célébreront la canonisation de l'héroïne lorraine, ils apporteront leur hommage à celle que tous nous nommons déjà la sainte de la patrie.

Des radicaux notables ont cinquante fois adhéré à l'idée d'une fête nationale de Jeanne d'Arc. Là-dessus on retrouverait aisément les déclarations très nettes de Clemenceau. Elles sont antérieures à la guerre. Au cours de la guerre, Clemenceau a compris, mieux que jamais, et rendu intelligible pour tous le pouvoir d'une volonté, d'une croyance pour communiquer autour d'elle la foi, la flamme, le désir, la puissance. « Je fais la guerre, » a-t-il dit, et d'un tel ton que tous ont reçu de lui ses ordres et son élan, la consigne et l'énergie pour exécuter la consigne. Avec toutes les différences que vous voudrez, le fait Clemenceau dans cette guerre est parent du fait Jeanne d'Arc. Et les Jacobins patriotes doivent savoir qu'ils ont leur place française dans un cortège complet de Jeanne d'Arc.

Je vois très bien la page qu'un Hervé saurait écrire sur Jeanne d'Arc, page vivante, colorée, mouvementée, pleine d'amitié, avec çà et là des audaces d'apparent irrespect. Hervé a tant de plaisir à scandaliser que je ne réponds pas de ce qu'il aurait pu écrire à certains jours pour embêter les admirateurs de Jeanne d'Arc ; mais ce dont je suis bien sûr, c'est que, dans son cœur, ce blasphémateur aime et vénère cette paysanne de génie. Il y eut, dans la première psychologie de nos armées de 1914, une nuance de sans-culottisme. Au début de la campagne, on pouvait être frappé parfois de la goguenardise avec laquelle ouvriers ou paysans mobilisés prétendaient maintenir en face du kaiser et de ses suppôts le droit qu'ils se reconnaissaient de n'avoir ni Dieu ni maître, de pratiquer à leur guise un cordial alcoolisme et un anticléricalisme gaillard. Cette indépendance hardie, cette indiscipline qui répugne à se soumettre à des hommes, mais qui accepte un but bien défini, ce besoin d'appuyer les relations de chef à soldat sur une acceptation libre, sur une fidélité volontairement consentie, c'est quelque chose du vieux compagnonnage d'armes, quelque chose de gaulois, de terrien, d'éternellement français qui subsiste dans la riche humanité des faubouriens de Paris. Et de tels éléments, que Jeanne d'Arc vivante entraînait à sa suite, ne veulent-ils pas se rejoindre dans son cortège national?

Les jeunes gens de l'Action française, avec leurs moyens propres, s'étaient fait avant la guerre une spécialité d'organiser de leur côté, parallèlement à la Ligue des patriotes, de puissantes démonstrations en l'honneur de Jeanne d'Arc. Dans une page mémorable, le socialiste Daniel Halévy a exprimé l'émotion avec laquelle, en mai 1914, comme sur les bords du gouffre, il vit défiler « les fils de Maurras », toute cette adolescence qui s'en allait en rangs serrés honorer et fleurir la jeune fille guerrière. Sublime répétition générale, avant la marche au sacrifice et à la victoire.

Et la Conférence au village, et la Ligue civique, et la Ligue française, et la Ligue de l'enseignement et la Ligue des parents dont les fils sont morts à l'ennemi ! Pourquoi des organisations séparées sur certains points ne continueraient-elles pas d'agir de concert dans des circonstances bien déterminées? Nous l'avons fait au fort de la guerre. Le moment est venu que nous complétions et améliorions le système des partis par le système des collaborations. Ne sentons-nous pas que nous devons nous habituer à mener de puissantes et larges campagnes d'opinions, pour des buts bien déterminés, côte à côte avec des hommes dont nous sommes par ailleurs séparés?

Pour rendre tout plus aisé (je veux le dire au nom de notre vieille Ligue) dans cette journée du 11 mai, c'est autour des anciens combattants que peut se faire efficacement une fédération pour Jeanne d'Arc. Nous admirons que de toutes parts ces soldats d'hier se groupent en grandes et petites associations. Voilà l'Union nationale des combattants, présidée, animée par le général Léon Durand et par Charles Bertrand ; la Ligue des chefs de section, avec le lieutenant Binet-Valmer, plein de feu et de talent ; l'Association générale des officiers de complément, dont nous saluons la naissance ; d'autres encore qui s'annoncent. Qu'elles passent les premières, ces ligues à qui tous accordent l'accueil le plus confiant, le plus affectueux, et qu'elles nous invitent à une action commune dans la journée de Jeanne d'Arc. Sous la présidence d'honneur du général des Garets se forme un comité précisément pour organiser une « grande manifestation qui célébrera tout ensemble Jeanne d'Arc et la victoire de nos armes ». Que les combattants s'accordent entre eux et passent les premiers! Ces vaillants sauvèrent la France; ils doivent désormais l'encadrer.

Les peuples ont dit au cours de cette guerre que la France était la Jeanne d'Arc des nations. Ni Jeanne d'Arc ni la France ne se sont sacrifiées simplement pour fournir au monde une figure héroïque. Il s'agissait au quinzième siècle et il s'agit aujourd'hui d'obtenir des résultats positifs : des réparations, des restitutions et des garanties. Elles nous sont indispensables.

Dans nos rangs, le 11, à côté des ligues d'Alsace et de Lorraine, nous aurons des délégations venues de Metz, de Strasbourg et de Colmar. Elles rappelleront qu'à côté des questions réglées subsistent des questions vitales à régler.

Les Lorrains désannexés lancent à la France un appel angoissé pour que « l'Allemagne soit rejetée, politiquement et militairement, au delà du Rhin, pour que la rive gauche avec ses annexes nécessaires soit constituée en un ou plusieurs États indépendants et protégés ». Ce sont les termes mêmes du vœu que le conseil municipal de Metz vient d'émettre à l'unanimité : « Nous voulons, ajoutent nos chers amis de Metz, qu'une frontière naturelle et difficilement franchissable, qui ne peut être que le Rhin sur tout son parcours, nous protège contre les appétits germaniques inassouvis et permette à nos soldats de contenir l'ennemi sur son propre territoire. »

Nous aurions aimé que les Sarrelouisiens qui viennent, eux aussi, d'apporter leurs vœux à Paris, prolongeassent leur séjour de façon à pouvoir figurer dans le cortège du 11. Sarrelouis et toute l'ancienne population indigène établie dans les environs attendent avec impatience la proclamation officielle de leur retour à la France. Les cultivateurs menacent de ne plus cultiver leurs champs s'ils restent Allemands. « Un vieux paysan d'un petit village, m'écrit-on de Sarrelouis, est venu nous apporter une écharpe de maire français et deux cachets de mairie, l'un de la première République, l'autre du premier Empire, qu'on gardait précieusement dans sa famille, avec la foi qu'ils serviraient encore un jour. » Ces enfants de la Sarre s'étonnent et s'irritent qu'on affecte maintenant, en Allemagne, de les considérer comme des Rhénans. Ils sont des Lorrains. « Jusqu'à ce jour, me disent-ils, nous n'avions qu'un succès d'hilarité, non seulement à l'intérieur de l'Allemagne, mais même sur le Rhin, s'il arrivait à l'un de nous, venant de Sarrelouis, de se présenter comme Rhénan. Les correspondances commerciales venues d'Allemagne pourraient témoigner, dans des milliers de cas, que les Allemands considèrent Sarrelouis comme situé en Lorraine. Les hommes qui ont servi au « Landsturm Bataillon » de Sarrelouis peuvent redire un chant injurieux qui montre qu'on les traitait en « mauvais Prussiens ». On osait dire en Allemagne, des Sarrelouisiens, qu'ils descendaient de galériens français... » Et tous ces vieux indigènes de la Sarre de conclure qu'ils veulent que leur petite patrie rentre dans la grande patrie dont elle est séparée depuis cent quatre années.

A tous ces sentiments, à toutes ces nécessités, à cent autres raisons qui nous remplissent tous à cette heure et qui nous sont communes, de quelque parti que nous relevions, il faut que le 11 mai un puissant cortège, sous la direction des anciens combattants, donne une voix unanime.

CHAPITRE XXV

L'HOMMAGE NATIONAL A JEANNE D'ARC

Un groupe de jeunes filles m'écrit : « L'an dernier vous avez recommandé au souvenir des Parisiens et des Parisiennes les fleurs de la fête de Jeanne d'Arc ; cette année un petit rappel ferait une grande joie à ceux qui y pensent, afin que celles et ceux qui n'y pensent pas s'en souviennent. »

Ces jeunes Parisiennes ont raison d'être zélées pour le service de Jeanne. Elles tiennent leur rôle de parentes. Il y a cinquante ans un poète anglais dédiait un poème sur Jeanne d'Arc : « Aux sœurs de Jeanne, les filles de France. » Mais qu'elles n'aient pas un doute sur notre fidélité. Les ligueurs, demain, dimanche matin, seront au rendez-vous annuel.

Ce serait une faute de laisser sommeiller ou se desserrer la volonté exprimée par un si grand nombre de Français de rendre un hommage national annuel à Jeanne d'Arc. Viviani, d'une voix mystérieuse, m'a demandé, comme un effet de ma bonne volonté pour l'union sacrée, que je renonce à déposer une proposition de fête nationale. Nul n'a rien compris d'avouable a l'émoi de Viviani, mais que refuser au chef du gouvernement pendant la guerre? D'ailleurs pour admirer, aimer et vénérer, avons-nous donc si grand besoin d'un renfort législatif? La réserve, la tergiversation du Parlement pourraient s'expliquer honnêtement par quelque judicieuse modestie. Peut-être voit-il qu'il n'est pas créateur et qu'il n'a d'autre rôle que d'enregistrer ce qui déjà a pris naissance. Des députés, des sénateurs sont incapables de décider qui que ce soit à aimer quoi que ce soit. Dégager le pur diamant et lui donner tous ses feux, c'est l'affaire de Quicherat, de Michelet, d'Henri Martin, d'Anatole France, d'Hanotaux, de Charles Péguy ; c'est l'affaire des curés et des instituteurs. C'est à nous tous d'agir de telle sorte que la fête existe et que les députés mis devant une situation de fait n'aient plus qu'à dire *Amen* en prenant leur place dans les cortèges.

Une fleur incomparable est en train de se former. Victor Hugo aurait voulu que Jeanne d'Arc eût « un monument national » ; il disait encore : « Un trophée grand comme Notre-Dame. » Il déclinait l'honneur de le dresser. Paul Meurice, à la veille de sa mort, dans le seul entretien que j'aie eu avec ce charmant vieillard et qui m'a laissé un vif regret de n'avoir pas été de ses familiers, m'a dit que son glorieux ami avait désiré consacrer à Jeanne d'Arc un chant de la *Légende des siècles* et puis y avait renoncé, tellement il avait l'assurance que toute littérature, tout génie, étaient écrasés par cette perfection dans la pureté. « Un trophée grand comme Notre-Dame? » Qu'est-ce à dire? Le bon Joseph Fabre proposait de consacrer à la mémoire et au culte de Jeanne le mont Saint-Michel. C'est un piédestal. J'en connais un plus beau : la France tout entière. Nulle architecture ne réalisera ce que le maître des mots s'est senti noblement indigne d'exhausser. C'est aux cent mille voix du peuple et de l'élite, c'est au chœur français soulevé par l'enthousiasme d'épanouir annuellement l'image de la jeune martyre.

Nous réclamons une poésie populaire,

spontanée, anonyme, née des événements, jaillie de l'âme du peuple tout entier. Où personne ne suffirait, que tous s'associent. Que les sanctuaires, les théâtres, les pèlerinages, les cortèges, les conférences et les sermons retentissent. Qu'au village sacré de Domrémy, à Vaucouleurs, à Saint-Nicolas, à Nancy, la ville de son duc, dans toutes les étapes de son voyage vers Bourges, à Orléans, à Reims, sur tous ses champs de bataille, dans tous les pas de son martyre, elle soit nommée sainte et patronne de la France.

L'univers la reconnaît comme telle. On ne tiendra pas comme un fait dépourvu de sens que l'Allemagne la poursuive jusque sur les autels et veuille étouffer les supplications qui la pressent. Les Allemands tirent sur Jeanne d'Arc. Pourquoi? Comment? Qu'a fait exactement l'évêque de Metz? Je me suis renseigné. Au printemps de 1915, sur l'invitation du gouvernement impérial, Mgr Benzler a commandé aux curés du pays messin de faire disparaître les statues de Jeanne d'Arc des églises et des salles de patronage, parce que « son culte est un synonyme de la revanche ». Gloire à Jeanne d'Arc ! Cette définition donnée par l'ennemi s'accorde avec nos pensées, dont M. Charles Dupuy (de la Haute-Loire) donnait jadis cette formule superbe : « Jeanne d'Arc... le plus grand de nos souvenirs où repose aussi la plus grande de nos espérances. »

Un fait bien beau et saisissant, c'est que les Anglais furent les premiers à comprendre la grande destinée posthume de Jeanne. Au cours du procès de Rouen, l'un d'eux s'était écrié : « Ah ! la brave fille ! C'est dommage qu'elle ne soit pas Anglaise. » Et peu après retentissaient les deux grandes paroles décisives qui marquent son double rôle immortel. « Nous avons brûlé une sainte ! » disait avec horreur, devant le bûcher, le secrétaire du roi d'Angleterre. Et Shakespeare déclare : « Jeanne la Pucelle sera désormais la patronne de la France. »

Alors, nous, qu'est-ce que nous attendons? Les Anglais ont-ils plus que nous l'intelligence de notre pays, de notre âme, de notre gloire, et de notre bien? Ils ont vivement insisté à Rome en faveur de la béatification. Leurs illustres cardinaux Manning et Newman écrivirent des lettres mémorables. Ils ont décidé de dédier un monument à Jeanne d'Arc dans leur cathédrale nationale de Westminster, et se sont arrêtés à l'idée d'une mosaïque qui la figurera. Leurs députés, quand ils viennent à Paris, portent des fleurs à ses statues, et se donnent la peine de déniaiser leurs collègues français qui craindraient de passer pour « cléricaux ». Alors, je le répète, qu'est-ce que nous attendons? Qu'est-ce que nous avons à piétiner autour de ses images? Qu'est-ce qu'il nous faut de plus pour déclarer à l'humanité entière : « Si tu veux me comprendre, regarde la douceur, le génie, la vaillance et les malheurs de la jeune fille lorraine, victorieuse et martyre. »

Je le sais, ce que nous attendons. Nous voulons être visiblement dignes d'elle; nous sentions que l'heure approchait où le monde verrait la jeunesse française, les fils de France mourir fièrement pour le salut des peuples et gravir par fidélité à la patrie et à l'Esprit les collines du martyre et de la victoire. L'Europe et l'Amérique reconnaissent dans nos armées les traits chevaleresques de Jeanne. Nul ne s'étonnerait plus aujourd'hui que sa figure rayonnât sur nos monnaies et sur nos drapeaux, qu'elle fût l'écusson de la France puisqu'elle en est l'âme. Sitôt que ses compagnons d'armes, ses frères et ses pareils, le glorieux et malheureux peuple des tranchées sera revenu de la guerre, Jeanne, par une promotion unanime, montera au faîte de notre vie nationale. Allons tous, demain, au pied de ses images honorer en elle les absents, les meilleurs, les Français de la première classe, les soldats de la grande guerre.

CHAPITRE XXVI

LA PLUS VIEILLE RELIQUE DE JEANNE D'ARC A PARIS

Je viens de recevoir de notre ami Faillot, député de Paris, un billet qui contient un juste et cordial reproche : « Mon cher ami, n'oublions pas la Jeanne d'Arc qui depuis si longtemps veille à la porte de la vieille église Saint-Denis de la Chapelle, 96, rue de la Chapelle. C'est peut-être la plus ancienne statue de Jeanne d'Arc à Paris. Quelques fleurs lui feraient certainement plaisir. »

Je n'aurais pas cru Faillot si bien renseigné, attentif à ce point. Il a grandement raison. Les deux plus beaux reposoirs où honorer Jeanne dans la grande ville, c'est la région mal déterminée, entre la place des Pyramides, la place du Théâtre-Français et l'avenue de l'Opéra, où elle fut blessée pour la reconquête de Paris, et puis c'est la pauvre chapelle demi-croulante, où elle s'agenouilla dans l'angoisse.

Faillot, je ne l'ai pas oubliée, cette petite église de la rue de la Chapelle. Seulement c'est en septembre qu'elle resplendit le mieux, aux jours anniversaires des 6, 7 et 8 septembre 1429, où Jeanne y vint prier. De là mon silence. Mais vous avez raison, toute occasion est bonne de mettre en vue une si précieuse relique, d'autant que l'administration, mal inspirée, la déclare « bonne à abattre ». Et, pour mon jour de fête, je suis allé me promener là-bas.

Au pied de Montmartre, dans le quartier populeux de la Chapelle, une église extrêmement modeste, dont la façade bien délabrée est du dix-huitième siècle et que rien ne signale, sinon sur le côté une statue de Jeanne, pas très vieille, plutôt agréable que laide. Entrons : il y règne une sorte d'humilité assez touchante, mais au surplus je n'y vois rien à admirer. L'édifice fut agrandi, ce semble. On distingue aisément l'ancienne chapelle dont la nef s'appuie sur six piliers trapus. Ces piliers, peints en jaune, pourquoi? datent de la fin du treizième siècle. Les trois de gauche s'inclinent, plient sous le poids. Tous les six sont vénérables. Auprès d'eux, l'héroïne a médité, prié, souffert, fut battue des tempêtes. On parle beaucoup trop de la douceur de Jeanne, mais jamais assez de la douleur de Jeanne.

En rentrant, j'ai regardé mes livres. J'en retiens ce qui se rapporte à cette chapelle et peut en quelque sorte se situer sur son humble voûte.

Le mercredi 6 septembre 1429, le roi Charles VII arriva à Saint-Denis. Jeanne d'Arc, beaucoup de seigneurs et dix mille soldats se logèrent à mi-chemin de Saint-Denis et de Paris, dans le village de la Chapelle. Pourquoi la notice qu'on m'a donnée dans l'église dit-elle que Jeanne d'Arc passa la nuit au lieu où s'élève la maison qui porte le numéro 48 de la rue de Torcy? Je n'ai rien vu chez les chroniqueurs qui nous permette une si étonnante précision... Le lendemain 8 septembre tombait la fête de la Nativité de la Sainte Vierge. Jeanne d'Arc et les siens se mirent en marche et parvinrent devant Paris, sur la butte des Moulins, entre onze heures et midi.

Les chroniqueurs ne disent rien de plus sur cette matinée du 8, mais songez au silence, aux graves pensées d'un prélude de bataille. Où croyez-vous qu'aille Jeanne dès l'aube? Saint Louis et ses chevaliers, avant de jeter le cri : « En avant! » gagnaient, pieds nus, la petite chapelle improvisée dans leur camp. Le jeu des heures donne la certitude que Jeanne assista ce matin de fête à la messe et nécessairement, ce me semble, s'agenouilla dans cette chapelle Saint-Denys, sur les dalles, auprès de ces vieux piliers.

A son procès, ses juges ou plutôt ses bourreaux, lui disent : « Était-ce bien d'aller assaillir Paris au jour de la Nativité de Notre-Dame, un jour de fête? » Elle « ...respond, c'est bien fait de garder les festes de Nostre-Dame et en sa conscience, lui semble que c'estait et serait bien fait de garder les festes de Nostre-Dame depuis un bout jusqu'à l'autre ». Un commentateur, qui est un théologien, le Père Ayroles, remarque à cette occasion : « Elle esquive une réponse directe et indique par les mots d'un bout à l'autre qu'on avait satisfait aux devoirs essentiels de la fête par l'audition de la messe, avant d'aller à l'attaque. »

Voilà les titres certains de l'église sise au 96 de la rue de la Chapelle; Jeanne d'Arc et ses gens y entendirent la messe le 8 septembre 1429, jour de la Nativité de la Vierge. Mais ce me semble probable qu'il y a plus.

Durant la journée, Jeanne, comme on sait, fut blessée à l'assaut. Elle ne voulait pas s'éloigner ni qu'on l'emmenât; elle criait que chacun approchât des murs et que la place serait prise, mais les nôtres l'enlevèrent de force et tous regagnèrent la Chapelle, d'où ils étaient partis le matin.

Jeanne d'Arc était très malheureuse. Non de sa blessure, qui semble avoir été légère, mais de l'impuissance où elle se trouvait de communiquer la confiance dont elle était pleine. C'était son rôle de faire renaître l'espérance au cœur des Français, et, pour la minute, de prendre Paris. Elle avait annoncé à tous cette victoire. Une des pages les plus charmantes et les plus touchantes qu'on puisse lire, c'est cette lettre où les deux jeunes seigneurs Guy et André de Laval, âgés de dix-huit ans et de vingt, racontent leur émerveillement de la voir et de l'entendre, et que c'était chose divine comment elle leur offrit le vin et leur dit qu'elle leur en ferait boire bientôt à Paris. Elle voulait retourner à l'assaut, au succès certain; mais les puissants conseillers du roi la trouvaient insensée, et demandaient qu'on s'éloignât de Paris. Le vendredi 9, malgré sa blessure, elle était debout dès l'aube et sommait, suppliait, prêchait les chefs de faire sonner le boute-selle pour qu'on retournât sous Paris. Mais quand elle eut tout persuadé et que déjà l'armée s'ébranlait, le roi arrêta la marche et donna l'ordre à Jeanne de la rejoindre à Saint-Denis.

Le jour suivant encore, le samedi 10, au petit jour, avec son prince préféré, le duc d'Alençon, et une faible troupe, elle fit une tentative désespérée sur Paris. On avait enlevé tous les moyens de réussite, tout le matériel de guerre. La trahison faisait son œuvre autour d'elle. Le roi quitta Saint-Denis le 13 septembre, Jeanne d'Arc le suivit, le cœur désespéré.

Au cours de son procès, elle déclare :

« La voix me disait de rester à Saint-Denis en France ; je voulais y rester, mais contre ma volonté les seigneurs m'ont emmenée. Si cependant je n'avais pas été blessée, je ne me fusse jamais éloignée. » C'est toujours bien elle dont un contemporain disait que : « Passant nature de femme elle demeurait à l'arrière comme chef et comme le plus vaillant du troupeau. »

Sans doute, ses dernières minutes, elle les prolongea dans l'église de l'abbaye de Saint-Denis et dans la chapelle devenue l'église du 96 de la rue de la Chapelle. C'est là qu'elle souffrit. Son angoisse est autre que celle d'un chef militaire qui, sûr du succès, voit son plan écarté par l'inintelligence ou l'envie, ou rejeté par de criminelles trahisons. Jeanne n'est pas seulement dépossédée d'une victoire qu'elle juge certaine ; ses hommes, en s'opposant aux directions qu'elle est persuadée de recevoir du ciel, la mettent hors de sa voie. C'est d'un triple tourment : fièvre de sa blessure, abandon de Paris, manquement à sa mission, que ces quatre piliers, sous la petite voûte, furent les témoins insensibles.

Nous n'avons pas une force de sympathie assez puissante pour ranimer Jeanne en chair et en os auprès des piliers de la vieille chapelle. Nous sommes vite au bout de notre aptitude à comprendre les disparus. Les morts, quand ils ont perdu leurs mères, sont bien abandonnés. C'est l'ombre d'une ombre qui m'accueillait hier. Celle qui vécut trois jours, ici, il y a cinq siècles, nous échappe. Sœur chrétienne d'Iphigénie et d'Antigone, Jeanne nous ravit par sa beauté dans le ciel de l'art, ou bien à travers elle nous reconnaissons comme dans un symbole des êtres mêlés à nos préoccupations.

Je ne m'étonne pas que les manifestations de Paris, ce dimanche, aient été plus ardentes que jamais. Cette figure de l'héroïsme persécuté que nous avons dressée sur nos places publiques devient d'une extraordinaire actualité. Jeanne avait apporté avec elle l'enthousiasme et la confiance, la volonté de vaincre, de marcher sur les difficultés pour les prendre corps à corps : elle était ce que sont aujourd'hui encore les soldats de la France : générosité, vaillance, allégresse, honneur, acceptation du sacrifice, unanimité, et contre cet esprit de lumière peu à peu se formait la coalition des oiseaux de ténèbres, l'intrigue des tenanciers de séance secrète.

CHAPITRE XXVII

LA FÊTE NATIONALE DE JEANNE D'ARC

De Castelnau a Ferdinand Buisson. — Quel prodigieux silence aujourd'hui dans Paris immobile! Sur les campagnes, ce serait beau. Sur une ville, n'est-ce pas déplaisant, inhumain? Une humanité sans rumeur, sans ateliers ni chansons, concevez-vous cela? Eh bien! enfonçons-nous dans notre travail et dans la société de la plus noble et la plus laborieuse des figures populaires françaises.

Nous avons reçu plus de deux cent cinquante signatures et une approbation quasi unanime pour l'institution d'une fête nationale de Jeanne d'Arc et du patriotisme. Le vieux radical Joseph Fabre sera satisfait, qui, à la veille de sa mort, m'écrivait avec un charmant enthousiasme : « Voilà conquis Hervé, Clemenceau et Bourgeois. Jeanne d'Arc nous protège. Nous les aurons tous. » Le projet dont il fut l'apôtre très touchant, et qu'il m'a légué, ne peut pas ne pas aboutir ; c'est de tous les groupes qu'on adhère, et Castelnau ou Buisson avec la même chaleur.

J'imagine que quelqu'un pourrait me dire :

« C'est de positif que nous avons besoin. A quoi sert cette glorification nationale d'une Jeanne d'Arc? » Je réponds que la France a une puissance idéologique formidable, une puissance agissante, qui nous vaut des amis, des visiteurs, des acheteurs, des appuis de toute sorte et de l'argent.

Suis-je assez positif? Soignons la figure de la France devant les peuples. Favorisons sa puissance morale et son rayonnement, créons-les chaque jour, ou plutôt, car cette guerre a tout fait, mettons-les en valeur.

« Nous venons de travailler à reconstituer la puissance financière de la France. C'est essentiel. Mais les nations ne valent pas simplement par leur fortune, non plus que par le nombre de leurs citoyens. Les chiffres reçoivent leur vraie signification et leur pleine efficacité des valeurs spirituelles et morales qui s'y incorporent. Que la France se personnifie dans la plus noble figure que l'humanité a jamais produite, c'est bien beau et bien utile. Je causais l'autre jour avec le philosophe René Gillouin, qui me disait : « Je souhaite le succès de votre proposition. Mais, en fait, j'y vois un obstacle, c'est que depuis longtemps et de plus en plus, le peuple français ne se passionne vraiment que pour des abstractions. Le culte de Jeanne d'Arc, très ardent chez une élite, n'atteint pas la masse. Quand on a fait sa part à l'instinct naturel et à la réaction violente de légitime défense, il faut bien voir que la plupart des Français se sont battus et fait tuer pour des abstractions : le Droit, la Liberté, la Justice. Remarquez que la langue française elle-même devient de plus en plus chargée de termes abstraits : Mistral, pour écrire concret, s'est réfugié dans le provençal.

— Ah ! lui répondais-je, ingénieux philosophe, notre proposition dit en toutes lettres que la fête de Jeanne d'Arc sera la fête du patriotisme. Ce sera aussi le signe de cette puissance de résurrection qu'il y a dans notre nation comme dans aucun autre peuple. Et une commémoration de notre fraternité dans la grande guerre, une fête de l'union sacrée. »

Au cours de la guerre, en 1915, M. Ferdinand Buisson me communiquait une page qu'il venait d'écrire et me demandait d'en donner mon sentiment à la place même où il la publiait, dans le *Manuel général de l'instruction primaire, Journal des instituteurs et des institutrices.* »

Il ne s'agit pas, disait-il, de rêver la disparition des partis dans une embrassade universelle. Le but n'est pas non plus, quoique ceci du moins ne soit pas à dédaigner, d'introduire des habitudes de modération dans nos querelles politiques et de renoncer aux violences idiotes de l'esprit de parti. L'union sacrée est quelque chose de beaucoup plus profond. Il faut se rendre compte de ce qui se passe au front depuis tant de mois entre des hommes que tout séparait : leur éducation, leur tradition, leurs croyances. Ils s'imaginaient n'avoir rien de commun. Et ils se sont trouvés avoir en commun ce qu'il y a de meilleur au fond d'eux-mêmes. C'en est fait, ces hommes-là, prêtres et libres penseurs, camelots du roi et syndicalistes, ne peuvent plus être des étrangers l'un pour l'autre. Ils reprendront, je le veux, leurs luttes d'idées, mais il leur sera désormais impossible de se haïr et de se mépriser comme autrefois.

Et pour terminer cette belle page, Buisson me demandait : « Oui ou non, cette union sacrée a-t-elle votre approbation, et sous quelles réserves? »

J'approuvai sans réserve. Et maintenant encore, quand je propose une fête nationale de Jeanne d'Arc, c'est pour dédier un jour par année au souvenir et à la reconstitution de cette fraternité qui nous sauva en 1914 comme au quinzième siècle.

Jeanne d'Arc, cependant, est une force vive digne de représenter bien autre chose encore que notre réconciliation nationale. Vous rappelez-vous un des innombrables épisodes de la plus pure beauté qui composent sa vie? Sur le champ de bataille de Patay, la guerrière, transformée en fille de charité, soutient dans ses bras la tête d'un blessé anglais et l'encourage, l'assiste dans son agonie. Quelle image de la France! Quel témoignage sur notre race généreuse, sur les hautes âmes françaises sans peur et sans reproche! Cette personne surhumaine, toute pleine d'une pitié divine, nous devons l'opposer à l'indigne surhomme d'une méchanceté diabolique où se complaît l'Allemagne prussifiée. Et c'est justement que l'Église dresse cette Française sur ses autels au milieu des nations.

La vertu de Jeanne rayonne par-dessus nos frontières. Dès la première minute où j'ai déposé ma proposition, j'ai reçu l'applaudissement et l'adhésion de la Société Jeanne-d'Arc, de New-York, présidée par le docteur G. F. Kunz, qui professe un véritable culte pour l'héroïne lorraine. Nulle part notre initiative ne sera mieux vue qu'en Angleterre. La première fois qu'au cours de cette guerre nous sommes allés porter des fleurs à la statue de la place des Pyramides (en mai 1915), une délégation anglaise précédait immédiatement la Ligue des patriotes. Elle venait apporter, en termes clairs, au génie de Jeanne, l'hommage que déjà Shakespeare, presque involontairement, lui rendait quand il faisait dire à l'héroïne ce mot sublime : « *Si mon corps et le sacrifice de mon sang ne suffisent pas, eh bien! prenez mon âme. Mon corps, mon âme, tout pour que l'Angleterre n'ait pas le dessus sur la France.* » Shakespeare avait l'âme trop haute pour méconnaître complètement la martyre. Mais c'est au cours de cette guerre-ci que l'Angleterre a donné son adhésion constante et parfaite à notre libératrice. Tout le temps que les soldats anglais furent à Rouen ils entretinrent sur l'emplacement du bûcher des fleurs nouées d'une écharpe aux couleurs britanniques. Et leur poète national, le grand Rudyard Kipling, dans son magnifique poème à la gloire de la France, s'écrie : « Nous nous pardonnons nos torts réciproques et le vieux crime impardonnable, le péché dont chacun de nous eut sa part, sur la place du Marché de Rouen. »

Le *Times*, un jour, a publié une page mémorable qui doit être retenue et fréquemment citée, car des expressions si généreuses et si vraies contribuent à l'ennoblissement des peuples et à leur amitié réciproque. Je n'en puis reproduire aujourd'hui que les dernières lignes : « En Jeanne d'Arc, l'Église romaine honore un type auquel non seulement une nation, mais le monde entier, rendra hommage, le type de la chrétienne bonne, tendre et pure, à une époque sensuelle et sans pitié. »

Le grand cœur de Jeanne ne se contentait pas de rétablir la fraternité entre les Français sur une terre libérée. Sa pensée totale, trop peu connue et que le *Times* met en valeur, c'était, une fois la France délivrée et la paix faite, de chevaucher pour la défense de la chrétienté avec les Anglais eux-mêmes. Elle leur écrivait : « Si vous faites raison au roi de France, encore pourrez-vous venir en sa compagnie d'où que les Français feront le plus bel fait qui oncque fut fait par la chrétienté. »

Ainsi vaticinait Jeanne. Et l'on croit bien distinguer la société idéale qu'elle voulait aider à s'épanouir. Jeanne ne représente pas seulement les gestes français de jadis, mais nos aspirations éternelles. Tenez, Gillouin, s'il faut des abstractions, je vous emprunte une formule très heureuse que vous avez donnée en disant : « Ce n'est pas la volonté de puissance que, nous autres, Français, nous mettons au cœur de notre vie intérieure, soit individuelle, soit nationale, c'est la volonté de vérité, de bonté et de beauté. »

Voilà encore un des états d'esprit que symbolise très bien Jeanne d'Arc.

Ne forçons rien, laissons tout ce qui est vrai se réaliser à son heure. La fleur s'épanouira pourvu qu'on permette au soleil, à la lumière de la nourrir. Je crois qu'en face de l'affreuse culture et des accès hideux de l'Allemagne prussifiée, un esprit universel continuera de se dégager, que peut présider la sainte figure de la vierge lorraine. Méditez sa vie, sa mort, sa verve charmante et populaire, sa chevalerie, son génie mystérieux, son sacrifice. Cette jeune parente de La Fontaine et de Racine, plus pure qu'eux, parente toute proche de saint Louis et de Vincent de Paul et sœur de tous nos soldats morts pour la patrie, vous donnera le mot de nos destinées dans le passé et dans l'avenir. Nous sommes le peuple qui, par tous ses grands hommes, a dit, en opposition avec le grincement démoniaque du Teuton teutonisant qui ne rêve que de faire peur : « Le propre de la puissance est de protéger. »

Nous serons dans la tradition et dans l'actualité en instituant cette fête à cette date ; ce sera l'œuvre de la France éternelle et de la victoire.

. . . .

. . . .

CHAPITRE XXVIII

LA VICTOIRE EST GLORIFIÉE SUR LA COLLINE INSPIRÉE LE JOUR MÊME OÙ JEANNE D'ARC LA LORRAINE EST PROCLAMÉE PATRONNE DE LA FRANCE.

Jeudi, 24 juin, à l'heure où la Chambre, sans débat, comme il avait été convenu, et dans une acclamation unanime (1), décidait que la République française fêterait chaque année, au deuxième dimanche de mai, la fête de Jeanne d'Arc et du patriotisme, j'étais sur le plateau de Sion-Vaudemont, avec les délégués de toute la Lor-

(1) Dans la séance du 24 juin, la Chambre avait adopté d'enthousiasme le projet de loi que je lui avais soumis sur la fête nationale de Jeanne d'Arc.

raine, pour les fêtes de la victoire et de la reconstitution de la Lorraine intégrale, et nous acclamions l'héroïne à deux pas du village où, dans la solitude elle forma son âme et reçut sa mission.

Vers la vieille colline, dressée sur l'immense plateau lorrain et qui fut à travers les siècles l'acropole de cette région, dès l'aube les pèlerins de la Meuse, de la Meurthe, de la Moselle et des Vosges, par milliers et milliers, s'étaient acheminés, le cœur plein de joie et de deuil, pour chanter là-haut l'hymne de gratitude aux vivants et aux morts.

Quelle gravité chez tous et qui faisait songer aux heures sublimes de la rentrée de Pétain et de Mangin dans Metz. En avions-nous assez parlé, toute notre vie, de cette journée que nos pères dans un semblable pèlerinage de 1873 avaient appelée et prophétisée ! Beaucoup accomplissaient un vœu. L'évêque de Strasbourg, Mgr Ruch, hier l'aumônier du 20e corps, descendu en pleine nuit, vers une heure du matin, à la gare de Blainville-la-Grande, était venu à pied, couvrant en six heures les vingt-cinq kilomètres de plaine et de montée qui le séparaient du sommet. Six heures de marche, à jeun et pour officier et parler en plein air à vingt mille auditeurs. C'était une idée de la guerre qu'il satisfaisait avec allégresse.

Là-haut, sommes-nous vingt mille? Trente mille? Comment compter le nombre des têtes dans toute cette Lorraine qui se presse sur l'étroite terrasse, sous le ciel immense? Essayons plutôt d'apprécier la force morale que représente cette multitude pour qui les évêques de Nancy, de Saint-Dié, de Verdun, de Metz, de Strasbourg et de Luxembourg célèbrent en plein air un office grandiose. Calculez de quel poids cette ardente unanimité pèse dans les destinées de la Rhénanie catholique en face de la Prusse luthérienne.

La colline de Sion-Vaudemont, découpée en forme de demi-lune, porte sur l'une de ses pointes le clocher du pèlerinage et sur l'autre la ruine du château où se forma la maison de Lorraine, qui, depuis, ceignit la couronne impériale d'Autriche-Hongrie. La maison féodale, l'antique race gisent à terre, et la chapelle déploie comme jamais sa puissance.

Je ne peux pas imaginer de plus triomphale journée. On a lu par ailleurs déjà quel rite symbolique nous étions venus célébrer. Dans la cérémonie solennelle de 1873, aussi nombreuse que celle d'aujourd'hui, mais combien douloureuse, les Lorrains des pays annexés avaient déposé sur l'autel de Sion une croix de Lorraine brisée avec un cri d'espérance : « Ce n'est pas pour toujours, » et aujourd'hui mes compatriotes me demandaient de relier les deux fragments brisés et de rétablir l'unité de la Croix de Lorraine, en y fixant une palme d'or. Ai-je besoin de dire que ce rôle, je ne l'ai rempli que pour obéir à ceux qui, de notre aveu unanime, eussent dû en prendre l'honneur. Les députés de Lorraine et d'Alsace parlèrent, les François, les Serot, les Brogly, les Mazerand, les Mathis, les Jean, et s'ils furent entourés, aimés quand ils disaient : « C'est pour toujours ; » ai-je besoin de le répéter ! Et l'on pense quelle gratitude autour du général Pau, en qui l'on saluait l'esprit du 20e corps, et de tous les chefs ou soldats que l'on reconnaissait. A trois heures, je demandai à l'immense auditoire d'acclamer la fidélité de la Lorraine et de l'Alsace, d'acclamer les services incomparables du 20e et du 21e corps, et puis de formuler deux vœux : que Jeanne d'Arc devînt la patronne officielle de la France et que la Prusse fût à jamais chassée des territoires de la rive gauche du Rhin, rendus à leurs libres destinées.

Le premier point est acquis. La France, de par le vœu national qu'a enregistré le Parlement, se personnifie en Jeanne d'Arc comme l'Amérique en Washington, comme l'Espagne en sainte Thérèse. Ici, que mes lecteurs me permettent d'orienter leur gratitude vers le vieux républicain Joseph Fabre, qui poursuivit cette apothéose avec une émouvante ténacité, et qui, de son lit de mort, me léguait l'accomplissement de sa tâche, et d'exprimer aussi les remerciements de tous à cette Chambre qui vient, comme le marque Maurras, de signifier d'une manière exemplaire l'esprit national qu'elle incarne. Le rapport de mon ami et collègue Gaborit fut de tous points excellent. Quinze jours après que l'Église a mis Jeanne d'Arc sur les autels de la catholicité, la République française dresse la martyre du patriotisme sur les tombeaux de ses héros qui sauvèrent le monde. Magnifique accroissement de nos forces morales. Utilisons sur l'heure cet instrument de victoire. Par Jeanne d'Arc, conquérons les âmes. Portons immédiatement sur le Rhin cette héroïne deux fois sainte, canonisée par l'Église et par la patrie.

Je demande que Strasbourg, sans plus tarder, dresse une statue de Jeanne d'Arc. Le socle existe. Que cette image de beauté et de bonté, de vaillance et de générosité s'élève au lieu même où la jeunesse strasbourgeoise, en novembre 1918, a déboulonné le kaiser.

Nos lecteurs savent qu'à Strasbourg on a fêté la canonisation de Jeanne d'Arc avec un grand éclat. Les Strasbourgeois voudraient plus encore. Sur leur place principale se trouvait jusqu'à l'armistice la statue équestre de Guillaume. Le jour de l'armistice, elle fut précipitée. Le socle est resté. Nous voudrions voir à la place de l'idole germanique l'idéal français. Nous voudrions voir à la place du Seigneur de la guerre, à la place du chef des bandes terroristes, la Sainte de la Patrie et de la Chrétienté. Quelle réplique à la *Germania* colossale qui se dresse, désormais impuissante, un peu en amont sur le Rhin ! Quelle image de la civilisation française à opposer à la culture prussienne !

Je reviendrai sur ce projet. Je ne veux aujourd'hui que consulter l'opinion publique, et déjà je suis assuré des plus hautes approbations. Je ne peux tout dire dans un premier article, qui n'est qu'un cri d'allégresse. Je développerai à loisir la haute convenance nationale qu'il y aurait à proposer le culte de cette sainte figure française aux populations catholiques du Palatinat, de la Hesse et de Cologne. C'est un fait curieux que je puis établir, que, dès la première heure, ces régions ont aimé Jeanne d'Arc, ont cru en elle, au point de ne pas admettre qu'elle fût morte. De son vivant, Jeanne d'Arc a passionné les imaginations sur le Rhin, de Bâle à Cologne, plus qu'en aucun autre pays. Il faut s'adresser à tout ce qu'il y a de fort et de vrai dans les âmes rhénanes. Il faut développer l'Université de Strasbourg et favoriser le rayonnement des études françaises ; il faut développer le culte de Jeanne d'Arc et mettre en valeur les vertus françaises. Relier à la France la science et la religion des Allemands c'est une même tâche en deux efforts.

La fête nationale de Jeanne d'Arc doit

avoir un sens et une efficacité. Il serait pitoyable que l'on demeurât dans une interprétation mesquine. Je ne parle pas seulement de l'infériorité des images que trop souvent nous donnent d'elle les peintres et les sculpteurs. Je touche à quelque chose de plus grave, à l'interprétation que les écrivains eux-mêmes nous donnent de son caractère. Elle doit être comprise héroïquement. Ce qui fut réalisé par elle au quinzième siècle nous est devenu plus intelligible depuis la guerre. Nous avons vécu dans les conditions où une Jeanne d'Arc est possible. Nous avons vu les masses entraînées et sauvées par ceux qui ont le plus d'âme, qui distinguent comment on pourrait être sauvé et qui communiquent à tous la volonté d'accomplir les actes de salut. Il fallait disparaître ou croire à la victoire. Nous avons cru. Nous avons rejeté les bandelettes qui enserrent l'âme et mettent les peuples ou les individus dans l'état de momies. Notre nation a marché avec la vigueur du génie et s'est élevée au-dessus des peuples, comme Jeanne d'Arc au-dessus des individus. Jeanne d'Arc est le génie qui brise ses liens pour obéir à la puissance qui l'entraîne. Dans sa solitude de Domrémy, elle a décidé de rompre les amarres pour aller à sa mission douloureuse. L'acceptation du risque, bien plus, la volonté du risque et de la grande aventure, voilà ce qu'elle enseigne. Non qu'elle les aime, mais elle connaît son but et veut remplir sa mission. C'est un être d'une abondance et d'une prodigalité magnifiques, et dont tous les actes se déroulent sans qu'une ombre les voile. Tout ce qu'elle dit, pense et accomplit se développe au grand soleil, comme le premier jour qu'elle entendit ses voix. Jeanne d'Arc, c'est le mystère en pleine lumière. L'un des plus beaux livres français, c'est la simple suite de ses propos familiers, le recueil de ses paroles authentiques. Que n'a-t-elle, comme un Polyeucte, trouvé son Pierre Corneille!

On se préoccupe, avec grand'raison, de propagande française. En est-il une plus efficace que la canonisation de Jeanne d'Arc? Toute prière qui monte vers sainte Jeanne d'Arc glorifie la France, accroît notre prestige et notre puissance morale. Que le titre que la Chambre lui décerne de patronne de la patrie soit encore un accroissement pour notre réputation dans le monde. Songeons dès maintenant à célébrer sa fête annuelle d'une manière qui saisisse et féconde les âmes. Que ce soit une journée d'éducation et de conquête pacifique.

Pour nous, Lorrains, c'est une coïncidence magnifique que cette élévation nationale de la jeune fille de Domrémy se soit faite le jour même où nous fêtions, à deux pas de son berceau, la réunion des deux Lorraines séparées en 1871. Le chapelain du pèlerinage, M. Huriet, et l'historien de la colline, M. Mangenot, ne manqueront pas d'inscrire ce fait dans les annales de Sion.

Notre joie est complète. On demande quelquefois : « Qu'est-ce qui vous fait plaisir dans la vie? » Je réponds : « Rien que le travail. » — « Mais encore? » — « Eh bien! d'avoir contribué à donner à la France, hier, la croix de guerre, et aujourd'hui, le patronage de Jeanne d'Arc. »

Employons immédiatement sa vie, sa mort, sa verve charmante, sa chevalerie, son génie mystérieux et son sacrifice. Cette jeune parente de tous nos grands hommes, cette sœur de tous nos soldats morts pour la patrie, nous donne le mot de nos destinées dans le passé et dans l'avenir. Faisons-la parler, à côté de l'Université de Strasbourg, aux lieux où se dressait le Prussien abattu, et qu'elle redise, comme tous les héros de la pensée et de l'action chez nous, la grande parole française, antiprussienne par excellence : « Le propre de la puissance est de protéger. »

. . . .

. . . .

CHAPITRE XXIX

JEANNE D'ARC SUR LE RHIN

Vous pensez bien que j'ai reçu beaucoup d'approbations. D'abord une lettre collective d'étudiants et de professeurs strasbourgeois qui s'enchantent de dresser la statue de l'héroïne sur le socle vide d'où ils ont eux-mêmes renversé « le faux dieu germanique. » Eux-mêmes, de leurs mains ! Cela leur donne beaucoup d'autorité. Ils parlent d'organiser une pétition, une souscription. C'est leur affaire. Qu'ils se concertent, se groupent, s'organisent. Et déjà deux petits orphelins de la guerre, avec une écriture de mioches, m'envoient « cinq francs pour Sainte Jeanne d'Arc à Strasbourg », obole anonyme de la douleur et de la gloire, première pierre dans les fondations.

Je mentionne une proposition parallèle qui ne nous contredit pas. C'est de M. P. B..., à Schlestadt, qui nous dit :

« A Strasbourg, en face de la statue de Gœthe, se dressera bientôt l'effigie de Pasteur, qui incarne la science et l'idéal français. Croyez-vous que pour Jeanne d'Arc convienne une place dans une grande ville ! Au cœur de l'Alsace, dominant la bourgade de Chatenon, à l'entrée des vallées de Sainte-Marie-aux-Mines et de Villé, une colline s'avance en promontoire dans la plaine somptueuse, à égale distance de Wissembourg et de la frontière suisse. Ce mont s'appelle le Hahneberg, la Montagne du Coq. Il a la figure du légendaire petit chapeau. Il se dresse en face du Haut-Kœnigsbourg que déshonora le Hohenzollern. C'est là que Jeanne d'Arc, vigie de la France sur la Forêt Noire, devrait recevoir l'hommage unanime de l'Alsace, de la France et du monde... »

La proposition est magnifique. Nous la retenons sans qu'elle nous fasse écarter le dessein, d'une prodigieuse signification, que peuvent former devant l'Université de Strasbourg ces trois grandes figures de Jeanne d'Arc, de Pasteur et de Gœthe. Une telle réunion collaborera à la paix et à l'ennoblissement du monde.

Les Rhénans ont sur l'heure compris ma pensée. Qu'il me soit permis de citer ce que m'écrit l'aumônier militaire de la place de Mayence :

Vous demandez que Strasbourg dresse une statue de Jeanne d'Arc et que le culte de notre héroïne nationale soit proposé aux populations catholiques du Palatinat, de la Hesse et de Cologne. Pour ce qui concerne la Hesse et Mayence, c'est fait. Jeanne l'inspirée, tenant d'une main l'étendard et de l'autre la glorieuse épée de la France, se dresse dans l'église Sainte-Jeanne-d'Arc de Mayence, spécialement affectée par le général Mangin pour l'exercice du culte catholique de la garnison et baptisée le 16 mai, au cours d'une émouvante cérémonie patriotique, sous la présidence du général Degoutte... Jeanne est aimée ici ; elle passionne les imaginations. Vous seriez doucement ému à voir les petites filles rhénanes qui chaque jour défilent et viennent prier devant sa statue. Les Rhénans nous envient notre Jeanne d'Arc et tous parlent avec admiration de la Jungfrau von Orléans...

Ce n'est pas d'aujourd'hui, monsieur l'aumônier. Sur toute la terre, de son vivant même, Jeanne d'Arc a suscité immédiatement l'enthousiasme. Mais il n'y a pas d'endroit où sa mission ait été aussi vite populaire que sur le Rhin. Les regards du monde entier, d'Edimbourg à Constantinople, de Lubeck à Venise, la suivaient avec émerveillement. Tout le monde du moyen âge a été préoccupé de cette simple fille. Mais nulle part autant que sur le Rhin. On y crut en elle avant son roi, avant les Français, avant même qu'elle eût donné son signe. Cette Rhénanie voulait voir le triomphe de la France. Elle surveillait les faits de Jeanne avec une attention ardente et scrupuleuse; nous trouvons dans ses archives des renseignements que ne nous donnent pas les documents français. Quand l'événement fléchissait, aux heures où Jeanne ne réussit pas, le Rhin inventa une légende. De l'échec de Paris la rumeur rhénane fit un triomphe. Les Rhénans ne voulurent pas croire à sa mort. Est-ce leur esprit d'indépendance qui les disposait favorablement à la cause de la France? Est-ce la prodigieuse force de songerie de ces populations, à toutes époques créatrices de légendes, qui les enthousiasma pour la mystérieuse vierge guerrière? Je constate que sur le Rhin, dans ce carrefour des grandes indiscrétions de l'Europe, l'imagination s'était emparée amoureusement de notre héroïne. Il n'y a pas d'endroit où l'on ait souhaité avec plus de violence la fin heureuse de sa mission. Cette sympathie a pris toutes les formes de la chronique rimée, du roman, du drame, des peintures. On peut dire que c'est ici la première station du culte de Jeanne d'Arc. Affirmation singulière, mais que je puis justifier. J'indiquerai, notamment, que les Rhénans jouaient des mystères dont elle était le sujet. Elle vivait encore que déjà commençait le mouvement qui ira jusqu'à Schiller.

Très belle pièce, disons-le en passant, cette tragédie de Schiller, en dépit de ses absurdités. Elle réagit contre la Pucelle de Voltaire et contribue directement (par le fils de Goerres) à la publication de Quicherat, d'où nous sortîmes tous derrière Michelet.

Jeanne d'Arc peut nous rendre les plus grands services sur le Rhin. La mort n'arrête pas sa mission. De son vivant, elle ne put achever l'œuvre pour laquelle elle se proclamait mandatée. Son grand cœur ne se contentait pas de rétablir l'union entre les Français sur une terre débarrassée de ses envahisseurs. Sa pensée totale, c'était, une fois la France délivrée et la paix rétablie, de chevaucher pour la défense de la chrétienté avec nos ennemis de la veille. Elle se disait destinée à défendre avec eux la civilisation chrétienne.

Qu'aujourd'hui la vierge lorraine accomplisse donc son œuvre totale. L'union des Français, justifiée par la victoire, se perfectionne chaque jour sous nos yeux et brisant les pensées un peu rétrécies où la défaite depuis quarante ans nous contraignait, nous voulons accomplir le rêve généreux de la France éternelle. Avec nos ennemis d'hier, à la manière de Jeanne d'Arc, nous ne demandons qu'à propager la civilisation. Tandis que la Prusse persiste à entraîner l'Allemagne pour une conception inhumaine et antichrétienne, dont Nietzsche est le plus récent et le retentissant prophète, nous voulons raviver et dégager tout le long du Rhin l'antique pensée de justice et de mesure qui, par Athènes, Rome et Paris, enseigne de limiter et d'adoucir les droits de la force.

Plusieurs fois, au cours de la guerre, on m'a dit : « Vous nous faites voir les hordes germaniques, brutales, pédantes et disciplinées par des soldats et des professeurs qui leur sonnent le ralliement autour des autels de Thor dans les forêts d'Arminius, pour les mener à la conquête du monde sur une route encore courte et déjà semée de monuments colossaux d'ordre artistique, philosophique, militaire, économique, les deux Faust, l'Hégélianisme, le Marxisme, le Wagnérisme, les doctrines de son grand état-major et de Nietzsche. Et nous, quel est donc notre rôle, notre mission nationale? »

Et je répondais : « Étudiez Jeanne d'Arc, méditez sa vie, sa mort, sa verve charmante, sa chevalerie, son génie mystérieux, son sacrifice. Cette jeune alliée de Racine, de La Fontaine et de Pascal, parente toute proche de saint Louis et de Vincent de Paul et sœur de tous nos soldats morts pour la patrie, vous donnera le mot de nos destinées dans le passé et dans l'avenir. »

« Dans des conditions que je ne puis pas fixer exactement (je craindrais d'être inexact), les évêques allemands de Strasbourg et de Metz durant la guerre avaient donné l'ordre à leur clergé d'enlever des églises d'Alsace et de Lorraine les images de Jeanne d'Arc. C'est que la Germanie reconnaissait dans la Vierge lorraine la figure même de la douce France, la figure du menu peuple et de l'esprit héroïque de France, tout notre génie si humain. Mais la victoire l'établit définitivement sur les autels et sur les hauts lieux, dans le plein air et dans les cœurs. La voici canonisée par l'Église et par la gloire, deux fois sainte, de la chrétienté et de la patrie. C'est un effet de son héroïsme au quinzième siècle et de l'héroïsme de nos soldats en 1914-1918. Ils l'ont bien servie, elle veut à son tour les servir, et comme elle les a précédés, les continuer. Puisque tu es de l'espèce héroïque, Jeanne, tout ce que tu peux tu le voudras. »

Vous rappelez-vous un des innombrables

épisodes, de la plus pure beauté, qui composent sa vie? Sur le champ de bataille de Patay, la guerrière, transformée en fille de charité, soutint dans ses bras la tête d'un blessé ennemi et l'encouragea, l'assista dans son agonie. Quelle image de la France!

FIN

TABLE DES MATIÈRES

ALSACE ET LORRAINE

JEANNE D'ARC

Cet ouvrage

a été achevé d'imprimer sur les presses

de la

LIBRAIRIE PLON

le 1er juin 1928.

ŒUVRES COMPLÈTES DE MAURICE BARRÈS

Édition à tirage limité, dans le format in-8° écu, comprenant des exemplaires sur chine, sur hollande, et 1100 exemplaires sur papier pur fil des papeteries Lafuma.

*Souvenirs d'un officier de la Grande Armée, publiés par Maurice Barrès, son petit-fils .... 1 vol.

LE CULTE DU MOI

*Sous l'œil des Barbares. 1 vol.
*Un Homme libre ...... —
*Le Jardin de Bérénice. —

LES BASTIONS DE L'EST

*Au service de l'Allemagne .... 1 vol.
*Colette Baudoche ...... —
*Le Génie du Rhin ...... —

LE ROMAN DE L'ÉNERGIE NATIONALE

*L'Appel au soldat .... 2 vol.
Leurs Figures.
*Les Déracinés .... 2 vol.

CHRONIQUE DE LA GRANDE GUERRE

*I. (1er février-4 octobre 1914).
*II. (14 oct.-31 déc. 1914).
*III. (1er janvier-11 mars 1915).
*IV. (12 mars-31 mai 1915).
*V. (1er juin-24 août 1915).
*VI. (25 août-11 déc. 1915).
*VII. (12 déc. 1915-9 avril 1916).
*VIII. (11 avril-24 août 1916).
*IX. (3 sept. 1916-28 juin 1917).
*X. (1er juill.-1er déc. 1917).
*XI. (2 déc. 1917-23 avril 1918).
*XII. (24 avril-7 août 1918).
*XIII. (8 août 1918-29 mai 1919).
*XIV et dernier. (1er juin 1919-4 juillet 1920).

*Huit jours chez M. Renan .... 1 vol.
*L'Ennemi des lois .... —
*Du Sang, de la Volupté et de la Mort .... —
*Amori et Dolori sacrum. —
*Les Amitiés françaises. —
*Scènes et doctrines du nationalisme .... 2 vol.
*Greco ou le Secret de Tolède .... 1 vol.
*Le Voyage de Sparte .. —
*La Colline inspirée .... —
*La Grande Pitié des Eglises de France .... 1 vol.
Les Familles spirituelles de la France. —
*Un Jardin sur l'Oronte. —
*Une Enquête aux pays du Levant .... 2 vol.
*Faut-il autoriser les Congrégations? .... 1 vol.
*Pour la haute intelligence française ...... —
*Le Mystère en pleine lumière .... —
*Les Maîtres .... —

*La Guerre à vingt ans, par Philippe Barrès .... 1 vol.

Les volumes précédés d'un astérisque sont en vente (juin 1928).

PARIS. — TYPOGRAPHIE PLON, 8, RUE GARANCIÈRE. — 1928. 36326.

www.ingramcontent.com/pod-product-compliance
Ingram Content Group UK Ltd.
Pitfield, Milton Keynes, MK11 3LW, UK
UKHW020134220726
13923UKWH00001B/152